Dieses Taschenbuch enthält in französisch-deutschem Paralleldruck dreißig Texte französischer Autoren, in denen *von Paris die Rede* ist. Also: Paris selber ist sein Thema. Da kommen Autoren und Figuren zu Wort, die «Paris erleben» – von innen oder von außen, kundig oder ahnungslos, begeistert oder entsetzt. Große historische Ereignisse und Gestalten erscheinen nur am Rande, meist aus einem überraschenden Blickwinkel. Das Buch folgt der Wahrnehmung des Flaneurs: es beginnt mit der Gegenwart und geht Schritt für Schritt in die Vergangenheit zurück.

dtv zweisprachig · Edition Langewiesche-Brandt

CONTES PARISIENS

PARISGESCHICHTEN

Auswahl und Übersetzung
von Martine Passelaigue und Kristian Wachinger

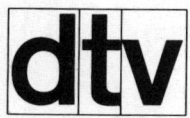

Deutscher Taschenbuch Verlag

Originalausgabe / Neuübersetzung
1. Auflage Januar 1994
Deutscher Taschenbuch Verlag GmbH & Co. KG, München
Copyright-Nachweise auf Seite 164 ff.
Umschlagentwurf: Celestino Piatti
Gesamtherstellung: Kösel, Kempten
ISBN 3-423-09313-7. Printed in Germany

Quand le train arrivait en gare du Nord, tout le monde se levait et se rajustait avant de sortir. Les dames délogeaient discrètement leur jupe égarée dans les profondeurs de leur fessier, les messieurs serraient plus fort leur journal. Nous attendions qu'ils descendent avant de sauter chacune à notre tour sur la voie. Joyeuses déjà, les cheveux partout dans la figure, les mains enfoncées dans les poches arrière de nos jeans et la poitrine en avant.

La journée commençait. Une enfilade de moments, étriqués pourtant, jamais assez larges pour contenir tous ces gens qui circulaient, s'arrêtaient aux kiosques prendre un magazine, buvaient des cafés et des menthes à l'eau en jetant leurs mégots par terre.

On était dans la plus belle gare du monde. Dans la vraie ville, la seule. Gare du Nord, où des grosses femmes sculptées attendaient les voyageurs. Elles guettaient, postées sur le toit. On en comptait neuf, avec leurs noms gravés sur la façade. Il y avait Amsterdam, Berlin, Cologne, Paris juste au milieu et d'autres villes, grises et prospères, qui se drapaient dans la pierre depuis bien avant notre naissance.

Une fête indiscutable comme la liberté.

Mais l'enthousiasme s'en allait par petits morceaux à mesure que nous avancions vers la sortie. Ces gens et ces choses qui se massaient à portée de nos yeux, il aurait fallu les agripper. *En profiter*.

A court d'idées, on s'arrêtait sur les marches du métro. Maud prenait le commandement. Ses dix-sept ans passés lui donnaient de l'autorité. A cause des petites lunettes cerclées de fer qu'elle portait sans arrêt, on l'appelait l'intello. Peut-être

Als der Zug in der Gare du Nord einlief, standen sämtliche Leute auf und machten sich zum Aussteigen bereit. Die Damen zogen unauffällig den Rock aus den Tiefen ihres Hinterteils, die Herren falteten ihre Zeitung straffer zusammen. Wir warteten, bis die anderen endlich ausgestiegen waren; dann erst sprangen wir auf den Bahnsteig hinunter, eine nach der anderen. Wir waren schon ganz aufgekratzt, hatten die Haare offen im Gesicht, die Hände in den Potaschen unserer Jeans, die Brust nach vorn.

Der Tag begann. Eine Abfolge von lauter kurzen Augenblicken, die doch nie ausreichten, all die Leute in sich aufzunehmen, die herumliefen, an den Kiosken stehen blieben und eine Zeitschrift kauften, Kaffee oder *Menthe à l'eau* tranken und ihre Zigarettenkippen auf den Boden warfen.

Wir waren im schönsten Bahnhof der Welt. In der richtigen Stadt, der einzig wahren. Gare du Nord, wo dicke Frauenskulpturen die Reisenden erwarteten. Sie standen auf dem Dach und lauerten, neun an der Zahl, mit ihren in die Wand gemeißelten Namen.

Amsterdam, Berlin, Köln, Paris genau in der Mitte, und andere Städte, in Stein gehauen, grau und wohlhabend, seit lange vor unserer Zeit.

Ein Fest, unbestreitbar wie die Freiheit.

Aber die Begeisterung bröckelte ab, je näher wir zum Ausgang kamen. Diese Leute und diese Dinge, die unmittelbar vor unseren Augen versammelt waren – man hätte nach ihnen greifen sollen. *Etwas davon haben.*

Ein wenig ratlos blieben wir auf der Treppe zur Metro stehen. Maud übernahm die Führung. Sie war schon siebzehn und hatte deshalb eine gewisse Autorität. Wegen der kleinen Nickelbrille, die sie ständig trug, wurde sie die Intellektuelle genannt. Vielleicht auch deshalb, weil ihr

aussi parce que sa figure ronde, toujours sérieuse, offrait une impression de force et de sagesse venues de régions tout à fait inconnues de nous autres qui étions des filles simples, sans lunettes.

Nous prenions une rame en direction de la porte d'Orléans pour descendre carrefour de l'Odéon. Ensuite, Maud nous emmenait *musarder* dans le quartier Latin. Je trouvais l'expression un peu au-dessus de nos moyens, surtout *la musarde* dans ces petits magasins décorés comme des chambres à coucher où la moindre écharpe indienne aurait coûté *la peau de nos fesses*.

On regardait les vitrines en marchant sans savoir vers où et en jouant à se perdre. Parfois, on se perdait vraiment. Dans des rues tordues, grandes comme les couloirs du métro, on demandait notre chemin à des étudiants, c'était leur quartier, ils devaient savoir. Pressés, en retard pour les cours, ils se hâtaient. Tous pareils: des jeunes bigleux en tenue de combat qui nous rappelaient le frère de Josyane.

Nos flâneries se prolongeaient parfois jusque dans les librairies qui envahissaient le boulevard Saint-Michel où, cette fois, on avait le droit d'entrer puisqu'on était lycéennes.

En automne, l'activité des magasins de livres produisait une sorte de désordre qui, à distance, paraissait alléchant. Vu de près, c'étaient des individus en manteaux autrichiens vert foncé (les lodens faisaient fureur ces années-là parmi les agrégés), qui tournaient avec lenteur les pages des livres et s'interrompaient de temps en temps pour lever les yeux, au hasard.

Nous passions dans les rayons, en prenant soin de ne pas faire tomber les ouvrages avec nos sacs, les sourcils froncés devant une belle couverture comme les gens qui s'intéressent. Pour se mettre à la hauteur des lieux, on ouvrait un volume,

rundes, immer ernstes Gesicht den Eindruck von einer Kraft und einer Weisheit vermittelte, die für uns andere, für uns einfache brillenlose Mädchen aus völlig unbekannten Regionen kamen.

Wir nahmen eine Metro in Richtung Porte d'Orléans und stiegen an der Place de l'Odéon aus. Von hier aus führte uns Maud zum *Shopping* ins Quartier Latin. Ich fand den Ausdruck ein bißchen über unsere Verhältnisse, vor allem auch das *Shopping* selber in diesen kleinen Läden, die wie Schlafzimmer eingerichtet waren, in denen sie einem für das einfachste Indientuch *das Fell abzogen*.

Wir guckten uns die Schaufenster an, achteten nicht darauf, wohin wir gingen, oder wir taten so, als hätten wir uns verlaufen. Manchmal verliefen wir uns auch wirklich. In den krummen Straßen, die kaum breiter waren als Metro-Gänge, fragten wir Studenten nach dem Weg. Es war ihr Viertel, sie mußten sich auskennen. Sie hatten es eilig, die Vorlesung hatte schon begonnen. Alle gleich: kurzsichtige Jungs in Kampfuniform, die uns an den Bruder von Josyane erinnerten.

Unser Bummel erstreckte sich auch bis in die Buchhandlungen, die den Boulevard Saint-Michel säumen und in die wir diesmal hineindurften; schließlich waren wir Oberschülerinnen.

Immer im Herbst führte die Umtriebigkeit der Buchhändler zu einem Gewimmel, das, aus der Entfernung gesehen, einladend wirkte. Aus der Nähe betrachtet waren es Typen in dunkelgrünen österreichischen Mänteln (in diesen Jahren waren Lodenmäntel bei den Gymnasiallehrern besonders beliebt), die langsam in den Büchern blätterten; ab und zu unterbrachen sie das und sahen unwillkürlich auf.

Wir gingen durch die Abteilungen und paßten auf, daß wir mit unseren Taschen keine Bücher herunterstießen. Vor einem schönen Umschlag zogen wir die Augenbrauen hoch, wie jemand, der sich dafür interessiert. Um uns dem Ort gemäß zu betragen, nahmen wir ein Buch in die

mais, dès les premières lignes, des mots durs en ion et en ique venaient cogner dans nos têtes qui se fermaient aussitôt.

On se retrouvait dehors, fatiguées de savoir à quel point on ne savait rien.

Après avoir remonté le boulevard, on arrivait au jardin du Luxembourg où des dames blondes contemplaient le bout de leurs mocassins à pompons en attendant que leurs enfants finissent de jouer.

Pour passer le temps, on les regardait.

Edmond Amran El Maleh: La deuxième génération

La vérité est dans l'acier, le béton, le discours froid objectif impersonnel des statistiques, du traitement de l'information, un pays résolument moderne se dote de moyens de gouvernement résolument modernes, «rien de ce qui est gadget ne nous est étranger», un building, audacieux pari de l'architecture d'avant-garde, le Malik Mamlaka State Building, puisqu'il faut bien donner un nom aux choses, c'est ici, c'est ici, à deux pas du plus grand bidonville de la cité, autre audace dont la mesure échappe à l'échelle humaine, c'est ici le siège de la Chalika Outaïq, Data Control and Co, organisme semi-gouvernemental, l'Œil de Lynx qui veille sur le pouls de la nation, Vigilance de tous les instants: silence, recueillement, indifférence objective, l'ascenseur glisse vers les hauteurs de la Compétence, Œil Vigilant qui plonge dans les entrailles de la nation, silence fluide d'aquarium, les grandes baies de verre fumé, fixes pour éviter toute tentation d'ouverture sur l'extérieur, filtrent la lumière,

Hand, doch schon auf den ersten Zeilen stießen sich harte Wörter auf -ung oder -istisch in unseren Köpfen, die davon nichts wissen wollten.

Dann standen wir wieder draußen, wir hatten es satt, zu erfahren, daß wir nichts wußten.

Wir gingen den Boulevard hinauf und kamen an den Jardin du Luxembourg; da saßen blonde Frauen, die ihre Ledermokassins betrachteten und darauf warteten, bis ihre Kinder zu Ende gespielt hätten.

Zum Zeitvertreib guckten wir ihnen zu.

Edmond Amran El Maleh: Die zweite Generation

Die Wahrheit liegt im Stahl, im Beton, in der kalten objektiven unpersönlichen Sprache der Statistiken, in der Datenverarbeitung; ein entschieden modernes Land leistet sich entschieden moderne Machtinstrumente, «wir lassen keinen Schnickschnack aus», ein Hochhaus in gewagter Fortschrittsarchitektur, das Malik Mamlaka State Building, schließlich muß ja alles einen Namen haben, hier ist es, hier ist es, zwei Schritt neben dem größten Slum der Stadt, einem anderen Wagnis, das jedes Menschenmaß hinter sich zurückläßt, hier ist der Sitz der halbstaatlichen Chalika Outaïq Datenüberwachung & Co, dem Luchsauge, dem Ohr am Puls des Landes, Wachsamkeit rund um die Uhr:

Verschwiegenheit, Sammlung, Kühle ohne Ansehen der Person, der Aufzug gleitet zu den Höhen der Zuständigkeit, Horch und Guck, der ins Innere der Bevölkerung eindringt, fließendes Aquariumschweigen; große Scheiben aus brüniertem Glas, fest verriegelt, damit die Versuchung, sie zu öffnen, gar nicht aufkommt, filtern das Licht, verschleiern das helle Strahlen der Sonne, das Grausame des Schauspiels; die gereinigte Luft aus der

voilent l'éclat du soleil, la cruauté du spectacle, l'air assagi conditionné est maintenu dans la neutralité d'une température égale, à l'abri des excès, des passions climatiques et humaines: l'information doit être pure de toute scorie affective, idéologique, politique, elle doit être aseptisée, synthétisée à partir d'éléments synthétiques désamorcés de toute charge émotionelle, dans la grande salle divisée en boxes, nous sommes à l'heure américaine, opération à cœur ouvert, une élite de haute qualification est au travail sous l'œil de Big Boss, Big Brother, *el Maalem*, le patron, un homme parti de rien, on vous en parlera plus longuement à l'occasion, parti de rien pour monter très haut, dans son bureau au sommet du building, une tour de verre fumé, un bureau impérial acier chromé, empâtement d'or des pieds galbés, fauteuil de cuir noir Chesterfield design accomodé au goût de la nouvelle bourgeoisie, sur le petit écran, *tivi, tivasa*, circuit fermé, Pidiji Moudiraam, l'homme parti de rien, son père, que Dieu ait son âme, était un brave et honnête colporteur avant l'indépendance, surveille l'activité, à tous les étages, la respiration, le mouvement des lèvres de son personnel, rien n'échappe à son œil soupçonneux pas même l'arrivée des verres de thé, survivance d'un âge révolu, une élite d'hommes hautement compétents au travail, présentation sommaire liminaire de quelques figures marquantes: Noureddine, l'homme de la compétence, la maître à bord, après Pidiji Moudiraam, l'homme parti de rien, Noureddine jeune fin élégant. «Il est beau comme un Dieu» disait de lui le très pédérastique Antoine Girard, expert international qui était venu présider et veiller à l'installation de la boîte, Noureddine polytechnicien ingénieur informaticien, intelligent sans le moindre doute possible, deuxième

Klimaanlage wird auf einem Mittelwert gleichbleibender Temperatur gehalten, abgeschirmt gegen jedes Übermaß, gegen klimatische und menschliche Schwankungen: die Information muß rein sein, frei von jeder gefühlsmäßigen oder ideologischen, politischen Schlacke, sie muß keimfrei gemacht, aus künstlichen Grundstoffen zusammengebraut werden, denen jede emotionale Sprengkraft genommen ist; in dem Großraumbüro mit seinen Zellen – ganz zeitgemäß-amerikanisch, offenes Arbeiten – ist eine hochqualifizierte Spezialistentruppe am Werk, unter den Blicken von Big Boss, vom Big Brother, *el Maalem*, einem Mann aus einfachsten Verhältnissen, darüber wird man aus diesem Anlaß einen längeren Vortrag zu hören bekommen, aus einfachsten Verhältnissen, der nach ganz oben gekommen ist, in sein Büro an der Spitze des Hochhauses, eines Turmes aus Rauchglas, ein herrschaftliches Büro aus verchromtem Stahl, dick aufgetragenes Gold an den geschwungenen Möbelfüßen, schwarzer Chesterfield-Ledersessel in neubürgerlich angepaßter Gestaltung, auf dem kleinen Bildschirm, *TV*, geschlossener Stromkreis, Pidiji Moudiraam, der Mann aus einfachsten Verhältnissen, sein Vater, Gott hab ihn selig, war vor der Unabhängigkeitserklärung ein wackerer und ehrbarer Hausierer, er überwacht das Geschehen auf allen Ebenen, das Atmen, die Mundbewegungen seiner Angestellten, nichts entgeht seinem mißtrauischen Blick, auch nicht, wenn der Tee gebracht wird, ein alter Brauch aus längst vergangenen Zeiten, eine Auslese höchst fähiger Männer bei der Arbeit, zur Einführung werden einige herausragende Persönlichkeiten vorgestellt! Noureddine, der Mann des Könnens, der wichtigste Mann an Bord, gleich nach Gott, nach Pidiji Moudiraam, dem Mann aus einfachsten Verhältnissen, Nourreddine, jung fein elegant. «Er ist schön wie ein Gott», befand der ziemlich schwule Antoine Girard, der Fachmann von Weltniveau, der gekommen war, um dem Laden hier vorzusitzen und ihn einzurichten, Noureddine, Informatiker, Absolvent der Ecole Polytechnique, ohne jeden Zweifel intelligent, zweite, vielleicht

ou peut-être troisième génération après l'indépendance, Paris, l'X, il a fallu mettre le paquet pour intégrer, mais la taupe de Casa c'était une bonne «prépa», après ça a été plus cool, sûr que c'était pas le Paris romantique de papa, des aînés, mais sympa, le resto-u, une piaule pas trop moche, les copains, les filles sans problème pas comme ici, pas beaucoup de fric, la bourse, la famille en envoyait un peu, puis l'oncle Mhammed quand il venait au Georges V sur les Champs, il en filait pas mal sans compter les boîtes dans le vent, ou Lipp, La Coupole, et bien sûr mai 68, il y pensait ce matin-là, en tirant sur une clope, Gay-Lussac cette nuit-là, les C. R. S., les mecs, les barricades, les gaz à vous faire chialer, le matraquage, la Sorbonne occupée par les «Katangais», la prise du Petit Odéon, il y était, Noureddine souriait, les Mao Spontex, la GP, lui balançait pas mal, n'adhérait pas vraiment,

il y avait aussi les mecs de l'UNM, les Frontistes, les réfugiés politiques, condamnés à mort, ou prison à vie, lui en avait un peu tâté de tout ça, pas comme Robert son copain juif marocain, drogué à mort, casseur pas comme Mounir le Rouge non plus, tiens celui-là, Noureddine souriait, un dur, un pur le mec, des portraits de Che, Mao dans sa piaule, plein les murs, une turne de bonniche, moche, sans eau ni électricité, il s'en foutait, un pur, un enragé, on se demande ce qu'il a bien pu faire, Noureddine tirait sur sa clope, il avait gardé quelques mots comme ça, puis il a bien fallu rentrer: la loi du retour, le désenchantement, «l'essentiel est que je ne finisse pas dans la peau d'un salaud» se disait-il, Pidiji Moudiraam le self-made man parti de rien s'y connaissait en hommes compétents, il lui avait fait, comme on dit, un pont d'or «rien ne te manquera, tu es libre,

auch dritte Generation nach der Unabhängigkeitserklärung; in Paris, an der X, mußte er sich ganz schön anstrengen, um reinzukommen, aber das Grundstudium in Casablanca war eine gute Vorbereitung gewesen; nachher lief es ganz flott, gewiß, es war nicht mehr das romantische Paris aus Papas, aus Großvaters Zeiten, aber nett war es schon, die Mensa, die Bude gar nicht so übel, die Kumpels, die Mädchen: nicht so schwierig wie hier, wenig Kohle, das Stipendium, die Familie schickte 'n bißchen, und Onkel Mohammed, wenn er ins Georges V an den Champs Elysees ging, ließ nicht schlecht was springen, die Modekneipen nicht gerechnet, oder Lipp, La Coupole, und dann natürlich Mai '68, daran mußte er heute morgen denken, als er an seiner Fluppe sog, damals die Nacht im Gay-Lussac, die Bereitschaftspolizei, die Typen, die Absperrungen, Tränengas, daß man das Heulen kriegt, Niedergeknüppeltwerden, die Sorbonne von «Katangais» besetzt, die Eroberung des Petit Odéon, er war dabei, Noureddine lächelte, die Mao Spontex, die GP, er war ganz schön hin und her gerissen, trat nicht richtig bei, da waren auch Typen von der UNM, Frontistes, politische Flüchtlinge, zum Tod oder zu Lebenslänglich verurteilt, bei all dem hatte er ein wenig mitgemacht, nicht wie sein Freund Robert, ein marokkanischer Jude, der an Drogen draufging, auch kein Schlägertyp wie der rote Mounir, ach der, Noureddine lächelte, das war ein Brocken, ein Hundertfünfzigprozentiger, Che-Guevara-Bilder, Mao-Bilder in der Bude, die Wände voll davon, eine häßliche Dienstmädchenmansarde, kein Wasser, kein Strom, er pfiff darauf, ein Fanatiker, ein Zorniger, was aus dem wohl geworden war, Noureddine sog an seiner Fluppe, ein paar solche Wörter hatte er behalten; aber dann mußte er ja zurück, das Geh-Heim-Gesetz, die Ernüchterung, «das Wichtigste ist, daß ich nicht auf die schiefe Bahn gerate», sagte er sich, Pidiji Moudiraam der Senkrechtstarter aus einfachsten Verhältnissen verband was von fähigen Leuten, er hatte ihm, wie man so sagte, eine goldene Brücke gebaut, «es wird dir an nichts fehlen, du bist frei, du bist

tu es le patron, c'est ton affaire», «Que veux-tu
un jour ou l'autre il faut bien rentrer, non?» ce
qu'il disait pour sa défense à lui-même, aux copains, ce matin-là dans la grande salle, au lendemain des «trois glorieuses».

Georges Perec: La rue Vilin

Jeudi 25 juin 1970, vers 16 heures

On installe le marché sur le boulevard de Belleville. Travaux de voirie qui se continuent rue des
Couronnes. Immeuble en construction au coin de
la rue J.-P.-Timbaud. Tout un pâté de maisons
détruit au coin de la rue des Couronnes. Un peu
plus loin sur le boulevard, des cars de CRS (inci-
dents récents entre Juifs et Arabes).

La rue Vilin est en sens interdit; on ne peut la
monter. Les voitures sont garées du côté impair.

Le 1 et le 3 sont ravalés. Au 1, il y a un magasin d'alimentation fermé et une mercerie encore
ouverte. Au deuxième étage, un homme est à sa
fenêtre.

Au 3, un magasin de couleurs et une bonnete-
rie. La marchande du magasin de couleurs me
prend pour un officiel:

– Alors, vous venez nous détruire?

Au 2, un café-restaurant, au 4, un boutonnié-
riste. Travaux de voirie: installation du gaz de Lacq.

Au 5, Laiterie Parisienne, Au Docteur du Vêtement, Teinturerie Réparations. Besnard Confec-
tion. On entend venant de plus haut de la musique arabe.

Au 6, Plomberie Sanitaire. Coiffure A. Soprani, Nocturne le Jeudi (le magasin semble refait à
neuf).

der Chef, es ist *deine* Sache», «Was soll das, einmal muß man ja doch wieder nach Hause, oder?», das sagte er seinen Kameraden und sich selber zu seiner Verteidigung, heute morgen im Großen Saal – die tollen Zeiten waren vorbei.

Georges Perec: Die Rue Vilin

Donnerstag, 25. Juni 1970, gegen 16 Uhr

Am Boulevard de Belleville wird der Markt aufgebaut. Straßenbauarbeiten, die sich in der Rue des Couronnes fortsetzen. Bau eines Wohnhauses an der Ecke Rue J.-P.-Timbaud. An der Ecke Rue des Couronnes wird ein ganzer Häuserblock abgerissen. Etwas weiter auf dem Boulevard, Polizeiwagen (wegen neuester Zwischenfälle zwischen Juden und Arabern).

Die Rue Vilin ist Einbahnstraße; man kann nicht hineinfahren. Die Autos parken auf der Seite mit den ungeraden Nummern.

Nr. 1 und Nr. 3 werden saniert. Nr. 1, ein bereits geschlossener Lebensmittelladen und ein noch offenes Kurzwarengeschäft. Im zweiten Stock steht ein Mann am Fenster.

Nr. 3, ein Farbengeschäft und ein Strickwarenladen. Die Verkäuferin des Farbengeschäfts hält mich für einen Beamten:

«Sie kommen also, um uns zu zerstören?»

Nr. 2, ein Café-Restaurant, Nr. 4, ein Knopfladen. Straßenbauarbeiten: es werden Gasleitungen gelegt.

Nr. 5, Pariser Molkerei, Zum Kleider-Doktor, Reinigung Änderungen. Konfektionskleidung Besnard. Von weiter oben hört man arabische Musik.

Nr. 6, Installateur, sanitäre Einrichtungen. Friseur A. Soprani, donnerstag abends geöffnet (das Geschäft sieht frisch hergerichtet aus).

Au 7, Pompes COUPPEZ (fermé): deux étages sur trois sont murés. Un autre magasin fermé. Une petite annonce aux crayons-feutres, effacée sauf le rouge: Je vends mardi   mercredi

Le 8 est une maison à trois étages, avec deux femmes aux fenêtres. Au 9, le restaurant-bar MARCEL et une boutique fermée. Au 10, fermé, Parage de Peaux à Façon et fermée également une papeterie-mercerie. Au 11, un magasin fermé; au 13, une laverie à la façade d'un bleu délavé. Un appartement est muré au second étage. Le 12 est un immeuble de cinq étages. Au rez-de-chaussée, Selibter, Pantalons en Tous Genres. Au 14, une maison condamnée et aussi au 15 (croisement de la rue Julien-Lacroix). Au 16, une ancienne boucherie? Au 17, un ancien magasin d'alimentation est devenu un bar-café (on a peint «BAR CAFÉ» en blanc sur la porte). Au 18: Hôtel de Constantine Hôtel meublé Café-Bar. Le 19, le 21 et le 23 sont des maisons à un étage, délabrées; le 20 est une maison de quatre étages, délabrée, le quatrième étage semble condamné. Au 22, un café-hôtel? Au 24, dans la courette, il y a un chat sur une soute à charbon. L'inscription COIFFURE DAMES est encore visible. Affiches du PC. Au 25, un magasin fermé. Au 26, un rez-de-chaussée condamné. Au 27, un magasin fermé. Puis, jusqu'au n° 41, une palissade en ciment. Au 30, une maison de deux étages, partiellement murée; un magasin de mode. Au 32, des boutiques condamnées (Vins & Liqueurs). Le 34 est presque entièrement muré. Après le n° 36 commence le terrain vague.

Du n° 41 au n° 49, presque tous les immeubles sont murés, dont, au n° 45, l'HÔTEL DU MONT-BLANC. Au n° 49, une maison jaune, ancienne maçonnerie, il y a une dame à la fenêtre du premier. Le 51, le 53, le 55 sont des survivances (A LA MONTAGNE, Vins & Liqueurs).

Nr. 7, Bestattung COUPPEZ (geschlossen): von drei Stockwerken sind zwei zugemauert. Ein anderer Laden ist geschlossen. Angeschlagen ein kleiner Zettel, mit Filzstift geschrieben, mit Ausnahme der roten Farbe ganz verwischt: Verkaufe   dienstags mittwochs

Nr. 8 ist ein dreistöckiges Haus mit zwei Frauen, die aus dem Fenster schauen. Nr. 9, das Bar-Restaurant MARCEL und ein geschlossener Laden. Nr. 10, geschlossen, Kürschnerei nach Maß, und ebenfalls geschlossen, ein Schreib- und Kurzwarengeschäft. Nr. 11, ein geschlossener Laden; Nr. 13, eine Reinigung mit verwaschener blauer Fassade. Eine Wohnung im zweiten Stock ist zugemauert. Nr. 12 ist ein fünfstöckiges Wohnhaus. Im Erdgeschoß, Selibter, Hosen jeder Art. Nr. 14, ein zugenageltes Haus und auch Nr. 15 (an der Ecke der Rue Julien-Lacroix). Nr. 16, eine alte Metzgerei? Nr. 17, aus einem alten Lebensmittelgeschäft ist eine Café-Bar geworden (weiß an die Tür gemalt: BAR CAFE). Nr. 18, Constantine Hotel möblierte Zimmer Café-Bar.

Nr. 19, Nr. 21 und Nr. 23 sind heruntergekommene einstöckige Häuser; Nr. 20 ist ein vierstöckiges Haus, heruntergekommen, der vierte Stock scheint gesperrt. Nr. 22, ein Hotel Garni? Nr. 24, im kleinen Hof liegt eine Katze auf der Kohlenluke. Die Inschrift DAMENFRISEUR ist noch sichtbar. Plakate der KPF. Nr. 25, ein geschlossenes Geschäft. Nr. 26, ein gesperrtes Erdgeschoß. Nr. 27, ein geschlossenes Geschäft. Und dann, bis Nr. 41, eine Betonmauer. Nr. 30, ein zweistöckiges Haus, teilweise zugemauert; ein Modegeschäft. Nr. 32, zugenagelte Läden (Weine & Spirituosen). Nr. 34 ist fast ganz zugemauert. Nach Nr. 36 beginnt das unbebaute Gelände.

Von Nr. 41 bis Nr. 49 sind fast sämtliche Wohnhäuser zugemauert, darunter Nr. 45, das HOTEL MONT BLANC. Nr. 49, ein gelbes Haus, altes Mauerwerk, im ersten Stockwerk steht eine Frau am Fenster. Nr. 51, Nr. 53, Nr. 55 sind Altbauten (A LA MONTAGNE, Weine & Spirituosen).

Tuileries de mes peines
Tuileries de mes soucis
Morte est la Seine
Mort est Paris

Un Meussieu promène
dame fort jolie
Morte est la Seine
Mort est Paris

La Concorde est lointaine
et ses hiéroglyphies
Morte est la Seine
Mort est Paris

Plus loin le Pont d'Iéna ne mène
Nulle part C'est fini
Morte est la Seine
Mort est Paris

Qu'elle me retienne
que je dise amie
Morte est la Seine
Mort est Paris

Mais ce sont des haines
des jeux des oublis
Morte est la Seine
Mort est Paris

Mon amour ma peine
il leur faut mouri'
Morte est la Seine
Mort est Paris

Raymond Queneau: Tuilerien mein Weh

Tuilerien mein Weh
Tuilerien mein Schmerz
Tot ist die Seine
Tot ist Paris

Ein Herr so fein
mit 'ner Dame so schön
Tot ist die Seine
Tot ist Paris

Concorde ist fern
mit ihrer heiligen Schrift
Tot ist die Seine
Tot ist Paris

Jenabrück führt nirgendwo-
hin Alles ist aus
Tot ist die Seine
Tot ist Paris

O daß sie mich hält
Daß ich Freundin ihr sag
Tot ist die Seine
Tot ist Paris

Doch das ist nur Haß
Spielerei, ach, vorbei
Tot ist die Seine
Tot ist Paris

Meine Liebe mein Schmerz
sie müssen vergehn
Tot ist die Seine
Tot ist Paris

Je tente de récapituler, de repenser Paris. Les convulsions qui secouaient le monde semblent, aux yeux des entêtés à courte vue qui les ravalent à l'échelle humaine, s'être atténuées pour une longue période. Je n'en crois rien. Nulle part je ne retrouve, dans ma ville tant explorée, tant interrogée, tant pénétrée, cet assoupissement, cette quiétude lasse, symptômes d'une paix durable. Les gens sont fatigués, c'est vrai. Fatigués et déçus. De tout ils ont marre. Pas la ville. Elle continue de frémir. De même qu'il existe, au grand dam des industriels, d'énormes quantités de matériel de guerre non encore détruit – et que l'on met précieusement en conserve –, il y a sous les pavés de la révolte en puissance. Il faut s'attendre absolument à tout.

Les événements dont il m'a plu de fixer le souvenir ne sont que les plus spectaculaires manifestations de forces que l'on veut «obscures», par peur, par ignorance, par routinière bêtise. Mais c'est maintenant un fait incontestable que les moindres paroles, les gestes les plus anodins, prennent en certains lieux et à certaines heures une importance, un poids inusités, et suscitent des prolongements qui en dépassent de beaucoup l'intention.

Il est bon, il est doux de découvrir, dans Paris, une oasis de calme – elles sont rares –, et d'y venir parfois, au retour des rues hargneuses, s'y plonger comme en un lac tiède et tranquille.

Telle est la place Dauphine. On se sent un peu prisonnier dans ce triangle ombragé, semi-provincial, où tous les habitants se connaissent par leur nom, et ne savent se saluer sans sourire.

J'y affectionne en particulier l'épicerie-buvette

Ich versuche, mir Paris wiederzuholen, es zu wiederholen. Die Erschütterungen, die die Welt heimgesucht haben, scheinen sich in den kurzsichtigen Augen der Engstirnigen, die sie auf Menschenmaße verringern, für eine längere Zeit abgeschwächt zu haben. Davon glaube ich nichts. Nirgends in meiner so erforschten, so genau ausgekundschafteten, so durchdrungenen Stadt erkenne ich die Linderung oder die entspannte Ruhe, die Zeichen eines dauerhaften Friedens wären. Gewiß, die Leute sind müde. Müde und enttäuscht. Sie haben alles satt. Nicht aber die Stadt. Sie zittert weiter. So wie zum Leidwesen der Industriellen noch immer riesige Mengen von funktionstüchtigem Kriegsgut vorhanden sind und sorgfältig gehütet werden, so ist unter der Oberfläche die Möglichkeit von Aufstand. Man muß wirklich auf alles gefaßt sein.

Die Ereignisse, die ich hier festgehalten habe, sind nur die auffallendsten Äußerungen von Mächten, die man – aus Angst, aus Unkenntnis, aus unüberlegter Dummheit – gern «dunkle» nennt. Aber es ist inzwischen unumstritten, daß die geringsten Worte, die harmlosesten Gebärden an gewissen Stellen und zu gewissen Zeiten eine ungewohnte Wichtigkeit, ein außergewöhnliches Gewicht bekommen und Weiterungen erfahren, die die ursprüngliche Absicht bei weitem übertreffen.

Es ist gut, es ist reizvoll, in Paris eine Insel der Ruhe zu finden – wie selten gibt es das – und sich von Zeit zu Zeit aus den anstrengenden und lauten Straßen dorthin zurückzuziehen, sich wie in einen lauen und stillen See fallen zu lassen.

Ein solcher Fleck ist die Place Dauphine. Fast fühlt man sich ein bißchen eingesperrt in dem schattigen Dreieck, wo es halb dörflich zugeht und wo sich die Leute mit Namen und nie ohne ein Lächeln grüßen.

Besonders gern habe ich Suzannes Laden, ein Feinkost-

de Suzanne. Elle et son mari règnent sur quelques mètres carrés de boutique où, dans un espace étonnamment restreint, trouvent moyen de se tolérer légumes secs et cuits, conserves, litres de vins fins – et le minuscule comptoir de bois derrière quoi règne M. Suzanne, c'est-à-dire le père François. Aux heures réputées apéritives, une humanité on ne peut plus éclectique envahit la place. Cela va des incolores petites bonnes – qui se parent ici du titre de «gouvernantes» – à certaines célébrités de la magistrature assise, lesquelles ne dédaignent point de choquer – tout debout – leurs verres contre ceux de quidams miteux et fripés (le Dépôt est tout proche), voire de trinquer aussi avec les geôliers et gardiens de l'«Administration pénitentiaire».

C'est là que j'ai rencontré, un jour «pas comme les autres», quelqu'un de mes anciens amis. Le souci de la composition d'un ouvrage documentaire voulait que je fusse allé musarder dans les parages des Blancs-Manteaux. Au coin des rues Sainte-Croix et Aubriot existe un petit café vétuste sur quoi veille une Vierge indulgente et débonnaire, comme le sont tous les bondieux, christs et saints naïfs érigés par le peuple des «homes et femes laboureurs», et pour leur «personnel usaige». Je me proposais de retracer les événements dont avait pu être témoin notre sympathique caboulot, et d'évoquer les personnages qui sans doute s'y étaient abreuvés au cours des âges abolis.

A coup sûr, au XIIIe siècle, époque à laquelle l'actuelle rue Aubriot portait le nom de «Rüe à Singes», l'un des plus intéressants et pittoresques notables du quartier était le sieur Michel de Soucques. Celui-ci, avant que de se trouver possesseur de biens importants, avait dû être plus ou moins comédien ambulant ou montreur d'ani-

geschäft mit Ausschank. Suzanne und ihr Mann herrschen über die paar Quadratmeter Ladenfläche, wo auf erstaunlich kleinem Raum rohes und gekochtes Gemüse, Eingemachtes und gute Flaschenweine friedlich koexistieren – und hinter der winzigen hölzernen Theke herrscht Monsieur Suzanne, d. h. Vater François. Zu den sogenannten Aperitivzeiten strömt eine Menschenmenge auf die Place Dauphine, wie man sie sich bunter gemischt gar nicht vorstellen kann. Das geht von blassen kleinen Kindermädchen – sie schmücken sich hier mit dem Titel «Gouvernante» – bis zu gewissen Größen aus dem Richterstand, die sich nicht zu gut dafür sind, im Stehen mit irgendwelchen schäbigen und zerknitterten Typen (das Untersuchungsgefängnis ist nicht weit) oder auch mit den Kerkermeistern und Aufpassern der «Justizvollzugsanstalten» anzustoßen.

Dort habe ich einmal – den Tag werde ich nie vergessen – einen alten Freund wiedergetroffen. Ich war damit beschäftigt, ein historisches Werk zusammenzustellen und mußte dafür in der Gegend der Blancs-Manteaux herumschnüffeln.

An der Ecke Rue Sainte-Croix / Rue Aubriot gibt es ein kleines altmodisches Café, über dem eine geduldige und gutmütige Jungfrau Maria wacht, eine von der Art, wie alle Bilder vom lieben Gott, vom Gekreuzigten und von naiven Heiligen, die die «arbeitende Bevölkerung» zu ihrem «eigenen Gebrauch» aufstellt. Ich nahm mir vor, die Ereignisse nachzuzeichnen, die unsere nette Kneipe durch die Jahre mitbekommen haben mochte, und die Leute zu schildern, die hier in lange vergangenen Zeiten ihren Durst stillten.

Im 13. Jahrhundert, als die heutige Rue Aubriot noch «Rüe à Singes», Affenstraße, hieß, war ohne Zweifel der Herr Michel de Soucques eine der bemerkenswertesten und eigenartigsten Gestalten des Viertels. Bevor er zu beträchtlichem Reichtum kam, muß er so etwas wie ein Wanderkomödiant gewesen sein oder Tierschauen veranstaltet haben, denn er verwendete den Rest seines Lebens

maux: car il consacra le restant de sa vie à aider les uns et héberger les autres. Les bêtes de provenance exotique devaient, lorsque l'on craignait certaines épidémies, être placées en quarantaine avant que leurs propriétaires obtinssent le droit de les exhiber «ès voyes de la bonne ville». Le sieur Michel recueillait ainsi les animaux que leurs montreurs ne pouvaient, faute de moyens, garder dans l'isolement sans qu'ils les aidassent à gagner leur pain. Sa demeure, la «Maison des Singes», a donné son nom à la rue. Un passage tout proche a conservé cette appellation.

Les ours, les papegeais (perroquets) donnaient lieu à la perception d'un droit d'entrée que l'on acquittait au passage du Petit-Châtelet, devant le Petit-Pont. Quant aux singes, les «Establissements des mestiers de Paris, par Étienne Boilève, Prévost de cette ville», indiquent ceci:

«Li Singes au Marchant doit quatre deniers, se il pour vendre le porte: et se li Singes est à home qui l'ait acheté pour son déduit, si es quites, et se li Singes est au joueur, jouer en doit devant le paagier, et par son jeu doit estre quite de toute la chose qu'il achète à son usage: et aussi tost li jongleur sont quites por un ver de chanson.»

Ce qui revient à dire que le montreur de bêtes, au lieu d'acquitter les quatre deniers d'octroi réclamés au marchand, paiera son dû en chansons et cabrioles. D'où provient notre locution: «Payer en Monnaie de Singe».

C'est l'esprit empli d'idées souriantes qu'après avoir couvert un agréable périple, je regagnai tout naturellement les bords de la Seine et passai le premier pont.

C'était le soir. Chez Suzanne, les habitués, comme à l'accoutumée, devisaient calmement en sirotant d'inoffensives pelures d'oignon.

darauf, den ersteren zu helfen und die letzteren zu beherbergen. Die Tiere aus Übersee mußten, da man Krankheiten fürchtete, vierzig Tage isoliert gehalten werden, bevor ihre Eigentümer das Recht erhielten, sie «coram publico» zur Schau zu stellen.

So nahm der Herr Michel die Tiere auf, die ihre Aussteller aus Geldmangel nicht in Quarantäne halten konnten, da sie ja während dieser Zeit nicht zu ihrem Broterwerb beitrugen. Seine Behausung, das «Affenhaus», hat der Straße ihren Namen gegeben. Eine Passage in nächster Nachbarschaft trägt diesen Namen noch heute.

Wegen der Bären und Papageien wurde ein Eintrittsgeld erhoben, das man entrichtete, wenn man beim Petit-Châtelet, vor dem Petit-Pont, vorbeikam. Zu den Affen heißt es in den «Berufs-Ständen von Paris, vom Königlichen Ober-Richter dieser Stadt, Etienne Boilève»:

«Affenhändler zahlen vier Heller, wenn sie verkaufen wollen; und wenn der Affe Einem gehört, welcher ihn von seinem Geld bezahlt hat, so ist er befreit; und wenn der Affe einem Spielmann gehört, so muß er vor dem Einnehmer spielen, und soll durch sein Spiel von Abgaben befreit sein auf alles, was er zu seinem Gebrauche kauft; und auch der Gaukler soll für einen Liedvers befreit sein.»

Das soll heißen, daß derjenige, der eine Tierschau hält, statt der Abgabe von vier Hellern, die vom Händler verlangt wird, seine Schuld in Liedern und Kunststücken begleicht. Daher kommt unser Ausdruck: «Mit Affengeld zahlen».

Nach einer angenehmen Rundreise kehrte ich, viele heitere Gedanken im Sinn, an die Ufer der Seine zurück, als wäre es das Normalste von der Welt, und überschritt die erste Brücke.

Es war Abend. Bei Suzanne saßen die Altbekannten beisammen wie immer, plauderten in aller Ruhe und schlürften leichten Rotwein. Da kam einer herein, ein

L'homme qui entra était grand, osseux et brun, coiffé d'un chapeau à larges bords et le corps couvert d'une longue pèlerine kaki, probablement d'origine militaire.

Nous étions tous déjà intrigués par cette incursion : on ne découvre jamais, chez Suzanne, à une telle heure, de têtes étrangères.

L'homme s'approcha du comptoir et demanda un anis. Pour payer et porter le verre à ses lèvres, il ne se servit que de sa main droite. Un autre verre. Un autre encore. Où donc avais-je vu cette tête-là ? On entrevoyait, sous la pèlerine, le col d'une chemise à larges carreaux. Cela, le chapeau et le regard lointain situaient à peu près mon personnage : il devait travailler dans un cirque.

L'homme avise de petits sacs de macarons pendus au mur. Il les désigne, dit à Suzanne : « Combien ? »

Toujours de sa seule main droite, il déchire le sac, écrase sur le comptoir un des macarons, et, après l'avoir goûté, va introduire dans sa houppelande, hermétiquement boutonnée, une toute petite bouchée du gâteau. Une main surgit, une main minuscule et gantée de laine, qui happe la friandise. Sous la pèlerine, on entend grignoter.

Auprès de moi, dans le fond de la boutique, était assise, sur l'unique chaise possible, la mère Angélique, une Bretonne un peu simplette. Dans l'île, d'où les fausses naïvetés sont bannies, elle fait des ménages et des courses.

Angélique m'avait tiré par la manche, elle montrait la main qui agrippait les morceaux de macaron : « Qu'est-ce que c'est ?... »

Nous étions bien dix ou douze qui nous posions la même question muette. L'homme alors défait trois boutons, et juche sur ses épaules un petit vieillard barbu, moustachu — c'était de l'ouate —, avec des yeux noirs qui tournaient en

großer, knochiger, braungebrannter Mann. Auf dem Kopf hatte er einen Hut mit breiter Krempe, und um den Leib einen langen khakifarbenen Umhang, wohl aus Militärbeständen.

Dieses Eindringen hatte uns schon stutzig gemacht: nie sieht man bei Suzanne zu dieser Stunde ein fremdes Gesicht.

Der Mann ging an den Tresen und verlangte einen Anis. Er zahlte und trank aus, beides nur mit der rechten Hand. Noch ein Glas. Und noch eines. Woher kannte ich bloß dieses Gesicht? Unter dem Umhang blitzte ein grob karierter Hemdkragen hervor. Zusammen mit dem Umhang und dem in die Ferne gerichteten Blick half mir das zu einer ungefähren Einordnung: er arbeitete wohl in einem Zirkus.

Der Blick des Mannes fällt auf kleine Beutel mit Keksen, die an der Wand hängen. Er deutet darauf und sagt zu Suzanne: «Was sollen die kosten?»

Er reißt den Beutel auf, alles immer nur mit der rechten Hand, zerdrückt einen Keks auf dem Tresen und probiert, dann schiebt er einen kleinen Bissen davon in seinen hochgeschlossenen Umhang. Eine Hand taucht daraus auf, eine winzig kleine Hand im Wollhandschuh, die nach dem Süßen greift. Unter dem Umhang hört man Knabbern.

Neben mir, ganz hinten im Lokal, saß auf dem einzigen noch freien Stuhl Mutter Angélique, eine etwas einfältige Frau aus der Bretagne. Im Herzen Frankreichs, wo es keinen Aberglauben mehr gibt, geht sie als Putz- und Haushaltshilfe.

Angélique zupfte mich am Ärmel und deutete auf die Hand, die nach den Keksstückchen griff: «Was ist denn das? . . .»

Stumm fragten wir zehn oder zwölf anderen uns das Gleiche. Da macht der Mann drei Knöpfe auf und setzt sich ein altes Zwerglein auf die Schulter, mit einem weißen Bart – der war aus Watte –, mit dunklen Augen, die sich nach allen Seiten umsahen, einer langen, krummen

tous sens : un nez long et recourbé, des gants, des bottillons à la poulaine, une culotte noire tricotée, un caraco rouge avec une longue capuche.

La perfection de ce grimage nous émerveilla. Ainsi la tâche de cet homme était d'apprivoiser son singe, avec d'infinies douceurs, à tel point que la bête acceptait de supporter cet accoutrement – qui ne semblait en rien la gêner – et surtout ce nez de carton-pâte et ce masque de fond de teint.

L'heure, la lumière timide, le calme, l'atmosphère détendue qui régnaient ce jour-là s'étaient ligués pour nous transplanter, en quelques secondes, dans un monde d'enchantement.

Angélique insista :

– Mais qu'est-ce que c'est que ça, monsieur ?

– Ça ? Mais c'est un nain, madame. Vous le voyez, c'est un nain, un très vieux nain.

– Un nain ? Mais, quelle... quelle espèce de nain ?

– Un nain de nos forêts, affirma l'autre, imperturbable. Il y en a encore comme ça dans mon pays.

– C'est pas Dieu possible. Il n'est pas mécanique ?

– Mais non. (Il se baissa un peu.) Donnez-lui un bout de gâteau. Vous pouvez lui serrer la main...

– Ah ! ah, ma Doué ! Mais c'est bien vrai !

Et Angélique exulte :

– Écoutez voir, monsieur, dans mon pays aussi, en Bretagne, il y a des forêts comme dans le vôtre ; et on m'avait raconté qu'il y vivait des nains, des farfadets qu'on dit chez nous : aussi des korrigans, à cheval sur des juments blanches, et puis des femmes plus grandes, pas méchantes, des milloraines... Eh bien, j'ai cru à tout ça comme à l'Évangile, jusqu'à l'âge de quatorze ans. Qua-

Nase, Handschuhen, halbhohen Schnabelstiefeln, einer schwarzen Strickhose und einem roten Kittel mit langer Kapuze.

Die vollkommen gelungene Maskierung begeisterte uns. Offensichtlich wollte der Mann seinen Affen mit unzähligen kleinen Gaben gefügig machen, so weit, daß das Tier sich diese Ausstaffierung – die ihn übrigens gar nicht sonderlich zu stören schien – und vor allem die Nase aus Pappmaché und das Make-up im Gesicht gefallen ließ.

Die Tageszeit, das scheue Licht, die Ruhe, die entspannte Stimmung an diesem Tag hatten sich zusammengetan und versetzten uns binnen Sekunden in ein Wunderland.

Angélique bohrte nach:

«Aber was ist denn das, Monsieur?»

«Das? Aber das ist doch ein Gnom, Madame. Sehen Sie, ein Gnom, ein sehr alter Gnom.»

«Ein Gnom? Aber, was für eine . . . was für eine Art von Gnom?»

«Ein Gnom aus unseren Wäldern», beharrte der andere, er war nicht aus der Ruhe zu bringen. «Wo ich herkomme, da gibt's sowas noch.»

«Das ist doch weiß Gott nicht die Möglichkeit. Der ist wohl zum Aufziehen?»

«Aber gewiß nicht», er bückte sich ein wenig, «geben Sie ihm ruhig ein Stück Keks. Sie können ihm auch die Hand geben . . . »

«Ach du meine Güte! Ist das wirklich wahr!»

Und Angélique frohlockt:

«Wissen Sie, Monsieur, bei mir zu Hause in der Bretagne gibt es auch Wälder, wie bei Ihnen; und ich habe erzählen hören, daß dort Gnome leben, Kobolde, wie man bei uns sagt: auch Wichtelmännchen, die auf weißen Stuten reiten, und dann noch große Frauen, die nichts Böses tun, Feen . . . Na ja, all das hab ich geglaubt wie das Evangelium, bis ich vierzehn war. Ja, Monsieur, vierzehn! Und dann kam ich nach Rennes, und da hat man mir

torze ans, oui, monsieur! Et puis j'ai été placée à Rennes, on m'a dit que c'était des histoires... Alors comme je n'en avais jamais vu, dans les forêts ni dans la lande, je n'y ai plus cru du tout, à «vos» nains... Mais il faut que j'arrive à la fin de ma vie, voyez-vous, monsieur, je vais sur soixante-huit et je ne suis guère valide, pour que j'y crouèye une bonne fois, une vraie fois? Ah, monsieur! Si vous saviez quel bien vous me faites!

Tout le monde était bouleversé. Nul ne songeait à se gausser de la brave femme... l'homme au singe avait entamé avec Suzanne un discret colloque.

Angélique fouille dans ses jupes, en extrait un gros porte-monnaie râpé. De pauvres billets y étaient pliés avec soin.

– Monsieur, ça vaut bien ça... Françouès, donnez donc un verre à tertous qui sont là. C'est pas que j'soye ben riche... mais ça me fait du bien, ah la la que je suis contente...

– Ça va, la mère, gardez votre argent, on sait vivre ici, fit François en emplissant les pots.

L'homme remit son singe en place, boutonna la pèlerine, prit congé de tous, d'un sourire adressé à la ronde. Il coula un regard de mon côté. Un regard entendu. Tiens, tiens... Comme il était sur le pas de la porte, Angélique se ravisa:

– Hé! Monsieur! Et où c'est que vous l'avez trouvé, votre nain?

Un très large coup de chapeau:

– Dans une légende, madame...

L'homme au singe avait, en cachette, donné mille francs à Suzanne. C'était pour qu'après son départ, on emplît de provisions le sac d'Angélique.

erzählt, daß das alles nur Geschichten sind ... Und weil ich sie ja nie gesehen hatte, im Wald nicht und nicht auf der Heide, glaubte ich dann auch nicht mehr an ‹Eure› Gnome ... Aber wissen Sie, Monsieur, ich komme nun an den Lebensabend, ich werde achtundsechzig, und mit meiner Gesundheit steht es nicht zum besten, da darf ich doch noch einmal richtig daran glauben, einmal ganz richtig? Ach Monsieur, wenn Sie wüßten, wie gut Sie mir damit tun!»

Alle im Raum waren bewegt. Keiner dachte daran, die gute Frau auszulachen ... und währenddessen hatte der Mann mit dem Affen ein unauffälliges Gespräch mit Suzanne angefangen.

Angélique wühlt in ihren Rockschößen und zieht einen abgeschabten Geldbeutel daraus hervor. Ein paar armselige Scheine waren darin, sorgsam gefaltet.

«Monsieur, das ist es mir wert ... François, bringen Sie doch bitte für jeden hier ein Glas. Ich bin nicht gerade reich ... aber das tut mir gut, oh wie froh ich bin ...»

«Schon gut, Mütterchen, behalten Sie Ihr Geld, wir wissen hier, was sich schickt», sagte François und schenkte ein.

Der Mann steckte den Affen wieder weg, knöpfte den Umhang zu und verabschiedete sich mit einem lächelnden Blick in die Runde. Er warf auch einen Blick zu mir herüber, einen verständnisinnigen Blick. So so ... Als er in der Tür stand, besann sich Angélique eines besseren:

«He, Monsieur! Und wo haben Sie ihn gefunden, Ihren Gnom?»

Ein mit großer Geste gezogener Hut:

«In einer Sage, Madame ...»

Der Mann mit dem Affen hatte Suzanne heimlich tausend Francs gegeben. Wenn er weg war, sollte sie Angéliques Tasche mit Lebensmitteln füllen.

Nous descendions vers le fleuve fidèle: ni son flot, ni nos yeux n'abandonnaient Paris.

Non pas ville petite, mais enfantine et maternelle.

★

Ville au travers de tout comme un sentier d'été, plein de fleurs et d'oiseaux comme un baiser profond plein d'enfants souriants, plein de mères fragiles.

Non pas ville ruinée, mais ville compliquée, marquée par sa nudité.

★

Ville entre nos poignets comme un lien rompu, entre nos yeux comme un œil déjà vu, ville répétée comme un poème.

Ville ressemblante.

★

Vieille ville... Entre la ville et l'homme, il n'y avait même plus l'épaisseur d'un mur.

Ville de la transparence, ville innocente.

★

Il n'y avait plus, entre l'homme seul et la ville déserte, que l'épaisseur d'un miroir.

Il n'y avait plus qu'une ville aux couleurs de l'homme, terre et chair, sang et sève.

★

Paul Eluard: April 1944: Paris atmete noch!

Wir gingen hinunter zum treuen Fluß: weder sein Lauf
  noch unsere Augen verließen Paris.

Nicht eine kleine, sondern eine kindliche und mütterliche
  Stadt.

★

Stadt durch und durch wie ein Pfad im Sommer, voller
  Blumen und Vögel, wie ein tiefer Kuß voller lächelnder
  Kinder, voller zerbrechlicher Mütter.

Keine zerstörte Stadt, aber eine vielschichtige Stadt, ge-
  zeichnet von ihrer Blöße.

★

Stadt zwischen unseren Handgelenken, zerrissenes Band,
  zwischen unseren Blicken, ein schon gesehener Blick,
  Stadt aufgesagt wie ein Gedicht.

Ähnelnde Stadt.

★

Alte Stadt . . . Zwischen der Stadt und dem Menschen war
  nicht mehr als die Stärke einer Mauer.

Stadt des Durchscheinens, unschuldige Stadt.

★

Zwischen dem einsamen Menschen und der menschenlee-
  ren Stadt war nicht mehr als die Stärke eines Spiegels.

Da war nur noch eine Stadt in den Farben des Menschen
  Erde und Fleisch, Blut und Saft.

★

Le jour qui joue dans l'eau la nuit qui meurt sur
  terre
Le rythme de l'air pur est plus fort que la guerre.

Ville à la main tendue et tout le monde de rire et
  tout le monde de jouir, ville exemplaire.

★

Nul ne put briser les ponts qui nous menaient au
  sommeil et du sommeil à nos rêves et de nos
  rêves à l'éternité.

Ville durable où j'ai vécu notre victoire sur la
  mort.

Robert Desnos : Quartier Saint-Merri

Au coin de la rue de la Verrerie
Et de la rue Saint-Martin
Il y a un marchand de mélasse.

Un jour d'avril, sur le trottoir
Un cardeur de matelas
Glissa, tomba, éventra l'oreiller qu'il portait.

Cela fit voler des plumes
Plus haut que le clocher de Saint-Merri.
Quelques-unes se collèrent aux barils de mélasse.

Je suis repassé un soir par là,
Un soir d'avril,
Un ivrogne dormait dans le ruisseau.

La même fenêtre était éclairée.
Du côté de la rue des Juges-Consuls
Chantaient des gamins.

Der Tag der im Wasser spielt die Nacht die auf Erden
    stirbt
Der Rhythmus der reinen Luft ist stärker als der Krieg.

Stadt mit ausgestreckter Hand, und alles lacht und alles
    freut sich, Vorzeigestadt.

★

Keiner konnte die Brücken abbrechen, die uns zum Schlaf
    führten und vom Schlaf zu unseren Träumen und von
    unseren Träumen zur Ewigkeit.

Dauerhafte Stadt, wo ich unseren Sieg über den Tod er-
    lebt habe.

Robert Desnos: Stadtviertel Saint-Merri

An der Rue de la Verrerie
Ecke Rue Saint-Martin
Steht ein Melasse-Verkäufer.

An einem Apriltag, rutschte ein Bettfedernreiniger
Auf dem Bürgersteig aus und fiel,
Es platzte das Kissen, das er trug.

Da flogen Federn
Höher als der Turm von Saint-Merri.
Einige blieben an den Melassefässern kleben.

Eines Abends kam ich hier wieder vorbei,
Es war ein Aprilabend,
Ein Betrunkener schlief in der Gosse.

Ein Fenster war erleuchtet.
Bei der Rue des Juges-Consuls
Sangen Gassenkinder.

Là, devant cette porte, je m'arrête.
C'est de là qu'elle partit.
Sa mère échevelée hurlait à la fenêtre.

Treize ans, à peine vêtue,
Des yeux flambant sous des cils noirs,
Les membres grêles.

En vain le père se leva-t-il
Et vint à pas pesants,
Traînant ses savates,

Attester de son malheur
Le ciel pluvieux.
En vain, elle courait à travers les rues.

Elle s'arrêta un instant rue des Lombards
A l'endroit exact où, par la suite,
Passa le joueur de flûte d'Apollinaire.

Du cloître Saint-Merri naissaient des rumeurs.
Le sang coulait dans les ruisseaux,
Prémice du printemps et des futures lunaisons.

L'horloge de la Gerbe d'Or
Répondait aux autres horloges,
Au bruit des attelages roulant vers les Halles.

La fillette à demi nue
Rencontra un pharmacien
Qui baissait sa devanture de fer.

Les lueurs jaune et verte des globes
Brillaient dans ses yeux,
Les moustaches humides pendaient.

— Que fais-tu, la gosse, à cette heure, dans la rue ?
Il est minuit,
Va te coucher.

Da, vor dieser Tür bleibe ich stehen.
Von dort lief sie davon.
Ihre Mutter mit zerzaustem Haar schrie aus dem Fenster.

Dreizehn Jahre alt, kaum gekleidet,
Augen, unter schwarzen Wimpern glühten,
Zerbrechliche Glieder.

Umsonst stand der Vater auf
Und kam mit schweren Schritten,
Mit den Latschen schlurfend,

Um sein Unglück kundzutun
Unter dem verregneten Himmel.
Umsonst, sie lief durch die Straßen.

In der Rue des Lombards blieb sie kurz stehen
Genau an dem Ort, wo später
Der Flötenspieler von Apollinaire vorbeikam.

Im Kloster Saint-Merri entstanden Gerüchte.
Blut floß in den Gossen,
Beginn des Frühlings und der künftigen Mondphasen.

Die Uhr der Gerbe d'Or
Antwortete den anderen Uhren,
Dem Geräusch der Gespanne, die zu den Markthallen
                                                    | rollten.
Das halbnackte Mädchen
Begegnete einem Apotheker,
Der den Rolladen herunterließ.

Die gelben und grünen Kugellichter
Spiegelten sich in seinen Augen,
Der feuchte Schnurrbart hing ihm herunter.

«Was machst du, Kind, zu dieser Zeit auf der Straße?
Es ist Mitternacht,
Geh schlafen.

– Dans mon jeune temps, j'aimais traîner la nuit,
J'aimais rêver sur des livres, la nuit.
Où sont les nuits de mon jeune temps?

– Le travail et l'effort de vivre
M'ont rendu le sommeil délicieux.
C'est d'un autre amour que j'aime la nuit.

Un peu plus loin, au long d'un pont
Un régiment passait
Pesamment.

Mais la petite fille écoutait le pharmacien.
Liabeuf ou son fantôme maudissait les menteurs
Du côté de la rue Aubry-le-Boucher.

– Va te coucher petite,
Les horloges sonnent minuit,
Ce n'est ni l'heure ni l'âge de courir les rues.

L'eau clapotait contre un ponton
Trois vieillards parlaient sous le pont
L'un disait oui et l'autre non.

– Oui le temps est court, non le temps est long.
– Le temps n'existe pas, dit le troisième.
Alors parut la petite fille.

En sifflotant le pharmacien
S'éloignait dans la rue Saint-Martin
Et son ombre grandissait.

– Bonjour petite, dit l'un des vieux
– Bonsoir, dirent les deux autres
– Vous sentez mauvais, dit la petite.

Le régiment s'éloignait dans la rue Saint-Jacques,
Une femme criait sur le quai,
Sur la berge un oiseau blessé sautillait.

In meiner Jugend zog ich gerne durch die Nacht,
Ich träumte gerne über Büchern, nachts.
Wo sind die Nächte meiner Jugend?

Die Arbeit und die Mühe des Lebens
Versüßten mir den Schlaf;
Ich liebe die Nacht auf eine andere Weise.»

Da drüben marschierte ein Regiment
Mit schweren Schritten
Über eine Brücke.

Doch das Mädchen hörte dem Apotheker zu.
Liabeuf, oder sein Gespenst, verfluchte die Lügner
Bei der Rue Aubry-le-Boucher.

«Geh schlafen Kleine,
Die Uhren schlagen Mitternacht,
Da zieht man in deinem Alter nicht durch die Straßen.»

Das Wasser schlug gegen einen Steg
Drei alte Männer redeten unter der Brücke
Der eine sagte ja, der andere nein.

«Ja, die Zeit ist kurz.» «Nein, die Zeit ist lang.»
«Die Zeit existiert nicht», sagte der Dritte.
Da erschien das kleine Mädchen.

Der Apotheker zog pfeifend
Die Rue Saint-Martin weiter
Und sein Schatten wurde länger.

«Guten Tag, Kleine», sagte einer der alten Männer
«Guten Abend», sagten die beiden anderen
«Ihr riecht schlecht», sagte die Kleine.

Das Regiment zog weiter in die Rue Saint-Jacques,
Eine Frau schrie auf dem Quai,
Am Ufer hüpfte ein verletzter Vogel.

– Vous sentez mauvais, dit la petite
– Nous sentirons tous mauvais, dit le premier
Quand nous serons morts. | vieillard

– Vous êtes morts déjà, dit la petite
Puisque vous sentez mauvais !
Moi seule ne mourrai jamais.

On entendit un bruit de vitre brisée.
Presque aussitôt retentit
La trompe grave des pompiers.

Des lueurs se reflétaient dans la Seine.
On entendit courir des hommes,
Puis ce fut le bruit de la foule.

Les pompes rythmaient la nuit,
Des rires se mêlaient aux cris,
Un manège de chevaux de bois se mit à
                              | fonctionner.
Chevaux de bois ou cochons dorés
Oubliés sur le parvis
Depuis la dernière fête.

Charlemagne rougeoyait,
Impassibles les heures sonnaient,
Un malade agonisait à l'Hôtel-Dieu.

L'ombre du pharmacien
Qui s'éloignait vers Saint-Martin-des-Champs
Épaississait la nuit.

Les soldats chantaient déjà sur la route:
Des paysans pour les voir
Collaient aux fenêtres leurs faces grises.

La petite fille remontait l'escalier
Qui mène de la berge au quai.
Une péniche fantôme passait sous le pont.

«Ihr riecht schlecht», sagte die Kleine
«Wir alle werden schlecht riechen», sagte der erste Alte,
«Wenn wir tot sind.»

«Ihr seid schon tot», sagte die Kleine
«Denn ihr riecht schlecht!
Nur ich werde niemals sterben.»

Man hörte, wie eine Scheibe zersprang,
Kurz danach ertönte
Das dumpfe Horn der Feurwehr.

Lichter spiegelten sich in der Seine,
Man hörte Männer rennen,
Dann kam der Lärm der Menschenmenge.

Die Pumpen stampften durch die Nacht,
Lachen mischte sich unter Schreie,
Ein Karussell setzte sich in Gang.

Holzpferde oder vergoldete Schweine
Seit dem letzten Fest auf dem Platz
In Vergessenheit geraten.

Karl der Große wurde rot,
Ungerührt schlugen die Stunden,
Im Hôtel-Dieu lag ein Kranker im Sterben.

Der Schatten des Apothekers,
Der Richtung Saint-Martin-des-Champs zog,
Machte die Nacht noch dunkler.

Die Soldaten sangen schon auf der Chaussee:
Um sie zu sehen, preßten Bauern
Ihre grauen Gesichter gegen die Scheiben.

Das kleine Mädchen ging die Treppe hinauf,
Die vom Ufer zum Quai führt.
Ein Geisterkahn zog unter der Brücke vorbei.

Les trois vieillards se préparaient à dormir
Dans les courants d'air au bruit de l'eau.
L'incendie éventrait ses dernières barriques.

Les poissons morts au fil de l'eau,
Flèches dans la cible des ponts,
Passaient avec des reflets.

Tintamarre de voitures
Chants d'oiseaux
Son de cloche

— Ho ! petite fille
Ta robe tombe en lambeaux
On voit ta peau.

— Où vas-tu petite fille ?
— C'est encore toi le pharmacien
Avec tes yeux ! ronds comme des billes !

Détraqué comme une vieille montre,
Là-bas, sur le parvis Notre-Dame
Le manège hennissait sa musique.

Des chevaux raides se cabraient aux carrefours.
Hideusement nus,
Les trois vieillards s'avançaient dans la rue.

Au coin des rues Saint-Martin et de la Verrerie
Une plume flottait à ras du trottoir
Avec de vieux papiers chassés par le vent.

Un chant d'oiseau s'éleva square des Innocents.
Un autre retentit à la Tour Saint-Jacques.
Il y eut un long cri rue Saint-Bon

Et l'étrange nuit s'effilocha sur Paris.

Die drei Alten legten sich zum Schlafen zurecht
Mitten im Luftzug und Wasserrauschen.
Im Brand platzten die letzten Fässer.

Tote Fische auf dem Wasser,
Pfeile in der Zielscheibe der Brücken,
Trieben und glänzten.

Wagengetöse
Vogelzwitschern
Glockenläuten

«Ho! kleines Mädchen
Dein Kleid hängt in Fetzen
Man sieht deine Haut.»

«Wohin gehst du, kleines Mädchen?»
«Apotheker, da bist da ja wieder
Mit deinen Augen! Rund wie Murmeln!»

Ausgeleiert wie eine alte Uhr,
Dort auf dem Platz vor Notre-Dame
Wieherte das Karussell seine Musik.

Steife Pferde bäumten sich an den Straßenecken.
Häßlich nackt,
Gingen die drei Alten auf die Straße hinaus.

An der Rue Saint-Martin Ecke Rue de la Verrerie
Flatterte eine Feder am Randstein
Mit alten vom Wind getriebenen Papieren.

Ein Vogel sang über dem Square des Innocents.
Ein anderer ertönte auf dem Turm von Saint-Jacques.
Es gab einen langen Schrei in der Rue Saint-Bon

Und die seltsame Nacht breitete ihre Fransen über Paris.

Les «vagues parents» avec lesquels Jerphanion devait dîner s'appelaient Jeanne, modiste rue Turbigo.

C'est la veille au soir, quand il avait retrouvé la jeune fille, qu'il lui avait proposé cette petite fête. Non sans timidité. Jeanne allait peut-être le soupçonner de vouloir brûler les étapes. N'était-ce pas aussi lui demander un peu trop vite d'arracher une permission à ses parents ou d'encourir leurs reproches, surtout un soir de Réveillon ? Il présenta donc son projet comme un souhait téméraire, et en avançant sur la pointe des pieds.

Jeanne le mit à l'aise. Elle trouva tout de suite l'invitation très gentille, réfléchit deux secondes, et déclara qu'elle pensait bien «que ça pourrait s'arranger.» Il eût aimé un peu plus de résistance. Les hommes sont difficiles.

Comme il lui venait un commencement d'idée pénible, il éprouva le besoin de se faire rassurer de quelque façon:

— Vos parents ne diront rien ?

— Oh! pourquoi voulez-vous...

Elle se ravisa:

— C'est-à-dire que mes parents sont très sévères. Mais je ne suis pas forcée de leur raconter. Je leur dirai que je sors avec une amie.

— Pour dîner ? Ils trouveront ça naturel ?

— Évidemment, il ne faudrait pas que ça arrive tous les jours. Mais c'est une amie qu'ils connaissent très bien. Par exemple, la veille du quatorze juillet, elle est venue me chercher comme ça, et nous sommes parties; sans manger, pour avoir plus le temps de voir les bals, les illuminations, les retraites aux flambeaux. Nous sommes censées manger quelque chose en route: un café au lait, un

Die «Verwandten», mit denen Jerphanion zu Abend essen wollte, hießen Jeanne, Modistin in der Rue Turbigo.

Am Vorabend hatte er sich mit dem jungen Mädchen getroffen und ihr diese kleine Unternehmung vorgeschlagen. Nicht ohne eine gewisse Scheu. Jeanne könnte argwöhnen, er wolle ein paar Stufen überspringen. Und war es nicht auch ein bißchen schnell, gleich von ihr zu verlangen, daß sie ihre Eltern zur Ausgeherlaubnis zwingen oder aber deren Vorwürfe über sich ergehen lassen sollte, und das auch noch an Heiligabend? Er erläuterte ihr daher seinen Plan wie einen verwegenen Wunsch, wobei er ihr auf den Zehenspitzen immer näher kam.

Jeanne beruhigte ihn. Auf Anhieb fand sie die Einladung sehr freundlich, überlegte zwei Sekunden und erklärte dann, das werde «sich schon einrichten lassen». Ihm wäre ein bißchen mehr Widerstand ganz recht gewesen; Männer sind anspruchsvoll.

Als er nur den ersten Anfang einer leichten Befremdung empfand, versuchte er sich gewissermaßen rückzuversichern:

«Ihre Eltern werden nicht dagegen sein?»

«Oh! warum, wollen Sie ...»

Sie überlegte es sich anders:

«Also meine Eltern sind sehr streng. Aber ich muß es ihnen ja nicht erzählen. Ich werde sagen, daß ich mit einer Freundin ausgehe.»

«Zum Essen? Werden sie das nicht befremdlich finden?»

«Es darf natürlich nicht alle Tage vorkommen. Aber diese Freundin kennen sie sehr gut. Zum Beispiel kam sie am Vorabend des Vierzehnten Juli einfach vorbei, und wir sind zusammen losgezogen; ohne etwas zu essen, so hatten wir mehr Zeit, uns die Bälle, die Festbeleuchtung, die Fackelzüge anzusehen. Wir sollten im Vorbeigehen etwas essen: einen Milchkaffee, ein belegtes Brot oder Oliven.

sandwich, des olives. Moi, j'en ai toujours bien assez. Ah! mais seulement l'ennui, c'est qu'on devait aller à la Messe de Minuit, au Sacré-Cœur.

— Qui, votre amie et vous?

— Non. Avec mes parents et des voisins. Ce n'est pas que ça m'amuse. Oh! ni que ça me barbe. Mais quelle idée d'aller au Sacré-Cœur? Quand il y avait Notre-Dame par exemple bien plus près. C'est le voisin qui leur a mis ça dans la tête. Il paraît que comme chant c'est tout ce qu'il y a de mieux. Je crois qu'ils veulent partir de la maison vers les neuf heures et demie. Comment faire?

Il comprit qu'elle tenait à cette Messe de Minuit.

— C'est que ça nous laisserait bien peu de temps. Vous ne pourriez pas les rejoindre en route, de façon que nous ne quittions que vers dix heures?

— Mais les rejoindre où ça?

— Peut-être aux abords de la basilique. Au besoin, nous dînerions de ce côté.

— Oui, c'est ça. J'irai les prendre à leur descente d'omnibus, ou à une sortie de métro. C'est ça.

— Et votre amie? Vous serez obligée de la mettre au courant?

— Ce sont des petits services. Quelque chose de très bien, qui me vient: je lui dirai de me retrouver un peu avant, et nous arriverons ensemble devant mes parents. J'en serai quitte pour l'emmener à la Messe de Minuit. Ça la renforcera dans les sentiments de piété.

Jerphanion avait pris à cœur la réussite de ce dîner, qui était le premier événement de sa vie amoureuse à Paris. Non qu'il eût des ambitions gastronomiques. Il était d'ailleurs persuadé que sa petite amie ne prêterait guère d'attention au

Damit komme ich immer gut aus. Ach, das einzig Dumme ist, daß wir zur Mitternachtsmesse in Sacré-Cœur müßten.»

«Sie mit Ihrer Freundin?»

«Nein, mit meinen Eltern und mit Nachbarn. Es macht mir keinen besonderen Spaß, aber es stört mich auch nicht weiter. Ein bißchen sonderbar ist es schon, nach Sacré-Cœur zu gehen! Wo doch zum Beispiel Notre-Dame viel näher ist. Ausgerechnet ein Nachbar hat ihnen diesen Floh ins Ohr gesetzt. Der Chorgesang dort soll zum Schönsten gehören, was es gibt. Ich glaube, sie wollen um halb zehn von zu Hause weggehen. Was soll ich da machen?»

Er verstand, daß ihr an dieser Mitternachtsmesse gelegen war.

«Das heißt, daß wir nur wenig Zeit haben. Können Sie nicht unterwegs zu den anderen stoßen, so daß wir uns erst gegen zehn trennen?»

«Aber wo dazustoßen?»

«Vielleicht am Eingang der Kirche. Wir können notfalls dort in der Gegend etwas essen.»

«Ja, so machen wir's. Ich werde sie an der Omnibus-haltestelle oder am Metro-Ausgang erwarten. So machen wir's.»

«Und Ihre Freundin? Müssen Sie sie nicht ins Vertrauen ziehen?»

«Das sind kleine Freundschaftsdienste. Da fällt mir etwas sehr Gutes ein: ich werde ihr sagen, sie soll schon ein bißchen früher kommen, und wir treten den Eltern gemeinsam unter die Augen. Und dann kann ich sie dafür in die Mitternachtsmesse mitnehmen, das wird ihre Frömmigkeit beleben.»

Jerphanion war sehr daran gelegen, daß dieses Abendessen gelang; schließlich war es das erste Ereignis seines Pariser Liebeslebens. Feinschmecker-Ehrgeiz hatte er weniger. Er war sich übrigens ziemlich sicher, daß seine Freundin kaum aufs Essen achten werde. Aber die Atmo-

menu. Mais il voulait que la circonstance fût agréable, fournît la matière d'un plaisant souvenir. Et c'est à lui-même, il faut bien le reconnaître, qu'il voulait plaire d'abord. Certes, il désirait que la jeune fille ne regrettât pas sa soirée, et surtout ne s'aperçût pas qu'il était un Parisien récent, peu au fait des ressources de la ville, et gauche dans sa façon d'en user. Mais ce qui lui importait plus encore, c'était de réaliser un dîner d'amoureux, proche de l'image idéale qu'il s'en formait: Une petite table; un rien d'isolement, mais de l'animation tout autour; la joie d'autrui à portée de rire de la vôtre. Un lieu à la fois citadin et rustique. De la fantaisie et point de luxe. Des tonnelles eussent fait l'affaire merveilleusement. Mais on ne dîne pas sous les tonnelles un soir de Réveillon. Attendons la Saint-Jean d'été. En somme les strophes de Baudelaire, devant lesquelles il avait fait la petite bouche, avaient fini par dessiner dans sa tête la fresque des jeunes amours. Il lui fallait même le vin dans les brocs, et le violon derrière les collines. Murger y était peut-être aussi pour quelque chose, et d'autres lectures moins relevées. Mais Baudelaire se chargeait de donner l'estampille. On n'ose pas sourire de soi-même, de la qualité d'un rêve ou d'un plaisir, quand on a un tel répondant.

Où trouver la petite table, les brocs de vin, et ce que décembre peut laisser survivre de bosquets? Sur la Butte, à coup sûr. Jerphanion avait pour la Butte, qu'il connaissait à peine, une amitié poétique. Plus d'une d'entre ses rêveries allait s'y percher, comme les cigognes sur les toits d'Alsace. C'était la patrie de ses menues aspirations.

Il aurait volontiers mis à profit l'érudition de Jallez. Mais il n'avait pas le courage de lui confier son historie de modiste. Il entreprit donc, dans l'après-midi, de faire lui-même un tour là-haut pour

sphäre sollte angenehm sein und Gegenstand erfreulicher Erinnerungen werden. Und, zugegeben, er wollte vor allem auch sich selbst gefallen. Gewiß lag ihm daran, daß das Mädchen den Abend nicht zu bereuen hätte, und vor allem sollte sie nicht merken, daß er ein Neuling in Paris war, der noch wenig über die Möglichkeiten dieser Stadt wußte und nur ungeschickt Gebrauch davon machen konnte. Aber noch viel wichtiger war ihm ein verliebtes Abendessen, das seiner Idealvorstellung nahekam: Ein kleiner Tisch, ein Hauch von Abgeschiedenheit, aber doch Leben rundherum; die Freude der anderen nur eine Lachweite entfernt von der eigenen.

Ein städtisches und zugleich ländliches Plätzchen, nett hergerichtet aber ohne Luxus. Eine Laube hätte sich wunderbar gemacht. Aber am Heiligen Abend speist man nicht unter Lauben. Warten wir auf Johanni im Sommer. Baudelaires Verse, über die er die Nase gerümpft hatte, hatten doch zu guter Letzt in seinem Kopf ein ganz bestimmtes Bild von jugendlicher Liebelei entworfen. Dazu gehörte auch Wein in Karaffen, und es gehörten Geigenklänge hinter den Hügeln dazu. Murger mochte auch etwas beigetragen haben, und andere Bücher von weniger Rang. Aber Baudelaire hatte dem Ganzen das Geschmackssiegel aufgedrückt. Mit so einem Gewährsmann wagt man nicht über sich selber zu lächeln und darüber, wie man träumt und woran man sein Vergnügen hat.

Wo sollte er den kleinen Tisch finden, wo die Weinkaraffen und wo das, was im Dezember noch übrig sein mochte von Waldlaub? Auf dem Montmartre-Hügel natürlich. Jerphanion hatte eine schwärmerische Neigung zur Butte, die er kaum kannte. Manche seiner Träumereien hatten sich dort niedergelassen wie die Störche auf den Dächern im Elsaß. Hier war die Heimat seiner stillen Träume.

Gern hätte er die Erfahrung von Jallez ausgenutzt. Aber er hatte nicht den Mut, ihm seine Geschichte mit der Modistin zu offenbaren. So machte er sich am Nach-

reconnaître le terrain. Il hésita longtemps entre les quatre cabarets de la place du Tertre, qui étaient alors *Bouscarat, Spielmann, la Mère Catherine* et *le Coucou*. Un cinquième entra en compétition, qui était situé à deux pas de là, au coin de la rue Saint-Rustique et de la rue des Saules.

Bouscarat et *Spielmann* lui parurent manquer de facilités pour l'isolement relatif qu'il souhaitait ; et aussi de couleur locale. Ils différaient trop peu d'un bistrot quelconque des vieux quartiers. *Le Coucou*, blotti dans le renfoncement que fait la petite place du Calvaire, l'avait aussitôt séduit. Mais un coup d'œil sur les chiffres du menu lui donna des inquiétudes. Et puis la salle était vraiment très petite. Que dire et que faire, qui ne fût pas saisi par tous les voisins ? L'auberge de la rue des Saules eût réuni le plus d'avantages pour la belle saison. Mais ses tonnelles chômaient ; et il ne lui restait que son intérieur, qui était morne. Jerphanion se décida pour *la Mère Catherine*, tout en déplorant que l'installation en eût un peu trop l'air d'une baraque de ferblantiers de la zone. Mais on lui montra dans un recoin une table qui était sans conteste une table d'amoureux. La clôture de l'hiver s'y sentait moins qu'ailleurs.

Paul Valéry: Lettre à un ami

... Tout à coup je me sentis à Paris quelques heures avant que d'y être. Je reprenais sensiblement mes esprits parisiens qui s'étaient un peu dissipés dans mes voyages. Ils s'étaient réduits à des souvenirs ; ils redevenaient maintenant des valeurs vivantes et des ressources que l'on doit utiliser à chaque instant

mittag selber auf zu einer Ortsbegehung. Lange war er unentschlossen zwischen den vier Cabarets der Place du Tertre, die damals *Bouscarat*, *Spielmann*, *La Mère Catherine* und *Le Coucou* hießen. Ein fünftes kam noch in Frage, es lag ein paar Meter weiter, in der Rue Saint-Rustique Ecke Rue des Saules.

Bouscarat und *Spielmann* boten ihm zu wenig von der teilweisen Abgeschiedenheit, die er sich wünschte, auch zu wenig Lokalkolorit. Sie unterschieden sich zu wenig von jeder beliebigen anderen Kneipe in den guten alten Vierteln. *Le Coucou* hatte ihn sofort angesprochen, wie es so geduckt in der Vertiefung der kleinen Place du Calvaire lag. Doch ein Blick auf die Preise der Speisekarte beunruhigte ihn. Und der Saal war auch wirklich sehr klein; was sollte man sagen, was tun, was nicht sofort von allen Nachbarn wahrgenommen würde? Das Gasthaus in der Rue des Saules hätte in der warmen Jahreszeit die meisten Vorzüge in sich vereinigt. Aber die Lauben waren außer Betrieb, es blieb nur die Gaststube, und die war trostlos. Jerphanion entschied sich für *La Mère Catherine*, wobei er bedauerte, daß die Inneneinrichtung ein bißchen zu sehr nach Eisenhandlung im Industriegebiet aussah. Aber man zeigte ihm einen Tisch in einer Ecke, der ohne Frage der Tisch für verliebte Pärchen war. Die Winterpause war hier weniger deutlich zu spüren als anderswo.

Paul Valéry: Brief an einen Freund

... Mit einem Mal fühlte ich mich in Paris, einige Stunden, bevor ich dort war. Allmählich fand ich meinen Pariser Geisteszustand wieder, der mir während meiner Reisen ein wenig abhanden gekommen war. Es waren nur noch Erinnerungen dagewesen; nun wurden es wieder lebendige Werte und Kräfte, die jeden Augenblick genutzt werden müssen.

Quel démon que celui de l'analogie abstraite! – Vous savez comme il me tourmente quelquefois! Il me soufflait de comparer cette altération indéfinissable qui se passait en moi, à un changement assez brusque de certaines *probabilités* mentales. Telle réponse, tel mouvement, telle action de notre visage, qui sont à Paris les effets instantanés de nos impressions, ne nous sont plus si naturels quand nous sommes retirés à la campagne, ou plongés dans un milieu suffisamment écarté. Le spontané n'est plus le même. Nous ne sommes prêts à répondre qu'à ce qui est *probablement voisin*.

On en tirerait de curieuses conséquences. Un physicien hardi qui ferait entrer les vivants, et même les cœurs, dans ses desseins, se risquerait peut-être à définir un éloignement par une certaine distribution intérieure...

J'ai grande peur, mon vieil ami, que nous ne soyons faits de bien des choses qui nous ignorent. Et c'est en quoi nous nous ignorons. S'il y en a une infinité, toute méditation est vaine...

Je me sentais donc ressaisir par un autre système de vie, et je connaissais mon retour comme une sorte de rêve de ce monde où je revenais. Une ville où la vie verbale est plus puissante, plus diverse, plus active et capricieuse qu'en toute autre, se préparait en moi par l'idée d'une confusion étincelante. Le dur murmure du train prêtait à ma distraction imagée l'accompagnement de la rumeur d'une ruche.

Il me semblait que nous avancions vers un nuage de propos. Mille gloires en évolution, mille titres d'ouvrages par seconde paraissaient, périssaient indistinctement dans cette nébuleuse grandissante. Je ne savais pas si je voyais ou si j'entendais cette agitation insensée. Il y avait des écritures qui criaient, des paroles qui étaient des

Wie unheimlich ist die abstrakte Analogie! – Sie wissen ja, wie sie mich manchmal beunruhigt! Sie flüsterte mir ein, ich solle diese schwer beschreibbare Veränderung, die sich in mir ereignete, mit einer ganz plötzlichen Änderung gewisser mentaler *Wahrscheinlichkeiten* vergleichen. Eine Antwort, eine Bewegung, ein Gesichtsausdruck, wie sie in Paris die sofortigen Auswirkungen unserer Eindrücke sind, kommen nicht mehr so natürlich aus uns hervor, wenn wir uns aufs Land zurückziehen oder an einem genügend abgelegenen Ort wegtauchen. Das Spontane ist nicht mehr dasselbe. Wir sind nur noch bereit, auf das *wahrscheinlich Benachbarte* einzugehen.

Merkwürdige Schlüsse ließen sich daraus ziehen. Ein kühner Physiker, der die Lebenden, und sogar die Herzen in seine Überlegungen mit einbezöge, würde es vielleicht wagen, eine Entfernung mit einer gewissen inneren Veranlagung zu definieren ...

Ich fürchte sehr, alter Freund, daß wir aus vielen Dingen bestehen, die nichts von uns wissen. Und deshalb wissen wir nichts über uns. Wenn es unendlich viele Arten der Meditation gibt, ist jede vergebens ...

Ich fühlte mich also wieder ergriffen von einem anderen Lebenszusammenhang, und ich verstand meine Rückkehr als eine Art Traum von dieser Welt, in die ich zurückkehrte. Eine Stadt, in der das wortgewordene Leben mächtiger und vielfältiger ist, aktiver und sprunghafter als irgendwo sonst, bereitete sich in mir als der Gedanke einer schillernden Vermischung vor. Das Rattern des Zuges begleitete meine bildhafte Zerstreutheit wie das Murmeln eines Bienenstocks.

Ich hatte das Gefühl, wir führen auf eine Wolke von Worten zu. Tausendfacher Ruhm entwickelte sich, tausend Buchtitel pro Sekunde kamen vor, kamen um, undeutlich im immer dichter werdenden Nebel.

Ich wußte nicht, ob ich diese irrsinnige Unruhe sah oder ob ich sie hörte. Es gab Schriften, die schrien, Worte, die Menschen waren,

hommes, et des hommes qui étaient des noms...
Point de lieu sur la terre, pensai-je, où le langage ait plus de fréquence, plus de résonances, moins de réserves qu'en ce Paris où la littérature, et la science, et les arts, et la politique d'un grand pays sont jalousement concentrés. Les Français ont amassé toutes leurs idées dans une enceinte. Nous y vivons dans notre feu.

Dire; redire; contredire; prédire; médire... Tous ces verbes ensemble me résumaient le bourdonnement du paradis de la parole.

Quoi de plus fatigant que de concevoir le chaos d'une multitude d'esprits? Chaque pensée dans ce tumulte trouve sa pareille, son adverse, son antécédente et sa suivante. Tant de similitudes, tant d'imprévu la découragent.

Imaginez-vous le désordre incomparable qu'entretiennent dix mille êtres essentiellement singuliers? Songez à la température que peut produire dans ce lieu un si grand nombre d'amourspropres qui s'y comparent. Paris enferme, et combine, et consomme ou consume la plupart des brillants infortunés que leurs destins ont appelés aux professions délirantes. Je nomme ainsi tous ces métiers dont le principal instrument est l'opinion que l'on a de soi-même, et dont la matière première est l'opinion que les autres ont de vous. Les personnes qui les exercent, vouées à une éternelle candidature, sont nécessairement toujours affligées d'un certain délire des grandeurs qu'un certain délire de la persécution traverse et tourmente sans répit. Chez ce peuple d'uniques règne la loi de faire ce que nul n'a jamais fait, et que nul jamais ne fera. C'est du moins la loi des meilleurs, c'est-à-dire de ceux qui ont le cœur de vouloir nettement quelque chose d'absurde... Ils ne vivent que pour obtenir et rendre durable l'illusion d'être seuls, car la supériorité n'est qu'une

und Menschen die Namen waren ... Es gibt keinen Ort auf Erden, dachte ich, wo die Sprache mehr Rasanz, mehr Resonanz, weniger Vorbehalte hat als in Paris, wo die Literatur und die Wissenschaft und die Kunst und die Politik eines großen Landes so besitzergreifend gebündelt sind. Die Franzosen haben alle ihre Gedanken innerhalb einer einzigen Stadtmauer versammelt. Darin leben wir in unserem Feuer.

Sagen; wiedersagen; widersagen; weissagen; nachsagen ... Alle diese Verben waren für mich das Summen des Sprachparadieses.

Was ist mühsamer, als das Chaos einer Vielzahl von Geistern zu erfassen? In diesem Tumult findet jeder Einfall seinesgleichen, seinen Gegner, seine Vergangenheit und seine Zukunft. Soviel Ähnlichkeiten, soviel Unvorhersehbares entmutigen ihn.

Können Sie sich die unvergleichliche Unordnung vorstellen, die zehntausend wesentlich einzigartige Menschen unterhalten? Denken Sie nur an die Hitze, die an diesem Ort eine so große Vielfalt von Selbstliebe erzeugen kann, die sich aneinander mißt. Paris umschließt und assoziiert und verbraucht oder verzehrt die meisten der brillanten Glücklosen, deren Schicksal sie zu irrwitzigen Tätigkeiten berufen hat. So nenne ich all diese Berufe, deren wichtigstes Instrument die Selbsteinschätzung, und deren Rohmaterial die Einschätzung ist, die die anderen von einem haben. Die Leute, die sie ausüben, sind dazu verurteilt, sich unablässig neu zu bewerben, und leiden zwangsläufig unter einem gewissen Größenwahn, der von einem gewissen Verfolgungswahn geprägt und ununterbrochen beunruhigt wird. Bei diesem Volk von Einzelnen herrscht das Gesetz, nach dem getan werden muß, was keiner je getan hat und was keiner je tun wird. Das ist jedenfalls das Gesetz der Besten, derjenigen also, die von ganzem Herzen und erkennbar etwas Absurdes wollen ... Sie leben nur, um der Illusion nachzukommen und sie dauerhaft zu machen, sie seien einzigartig, denn Überlegenheit ist nichts weiter, als auf dem heute abgesteckten Feld einer

solitude située sur les limites actuelles d'une espèce. Ils fondent chacun son existence sur l'inexistence des autres, mais auxquels il faut arracher leur consentement qu'ils n'existent pas ...

Emmanuel Bove: Monsieur Lacaze

Les gares me font entrevoir un monde que je ne connais pas. L'atmosphère qui les enveloppe est plus subtile.

J'aime les gares, la gare de Lyon particulièrement. La tour carrée qui la domine me fait songer, sans doute parce qu'elle est neuve, aux monuments des villes allemandes que j'ai contemplés aux portières des wagons à bestiaux, quand j'étais soldat.

J'aime les gares parce qu'elles vivent jour et nuit. Si je ne dors pas, je me sens moins seul.

Les gares me révèlent la vie privée des gens riches. Dans les rues, ceux-ci ressemblent à tout le monde. Quand ils quittent Paris, je les entends parler, rire, commander. Je vois comment ils se séparent. Cela m'intéresse, moi, le pauvre, sans amis, sans bagages. On devine que ces voyageurs ne voudraient pas être à la place de celui qui, comme moi, les regarde partir.

De grandes jeunes filles attendent que les malles soient enregistrées. Elles sont belles. Je les examine en me demandant si, habillées en ouvrières, elles seraient aussi belles.

J'aime la gare de Lyon parce que, derrière, il y a la Seine avec ses berges, avec ses grues qui tournent dans l'air, avec ses péniches immobiles comme des îlots, avec ses fumées qui, dans le ciel, se sont arrêtées de monter.

Gattung der einzige zu sein. Jeder gründet seine Existenz auf die Nicht-Existenz der anderen, denen er aber die Zustimmung abverlangen muß, daß sie nicht vorhanden sind ...

Emmanuel Bove/Peter Handke: Monsieur Lacaze

Die Bahnhöfe geben mir die Ahnung einer Welt, die ich nicht kenne. Die Atmosphäre dort ist subtiler als woanders.

Ich liebe die Bahnhöfe, besonders die *Gare de Lyon*. Der Viereckturm, der ihn überragt, erinnert mich, zweifellos, weil er so neu ist, an die Bauten der deutschen Städte, die ich durch die Türen der Viehwaggons betrachtet habe, als ich Soldat war.

Ich liebe die Bahnhöfe, weil sie Tag und Nacht belebt sind. Wenn ich nicht schlafen kann, fühle ich mich dort weniger allein.

Die Bahnhöfe offenbaren mir das Privatleben der Reichen. Auf den Straßen sind diese wie alle andern. Aber wenn sie aus Paris wegfahren, höre ich sie reden, lachen, kommandieren. Ich sehe, wie sie sich voneinander trennen. Das interessiert mich, mich, den Armen, ohne Freunde, ohne Gepäck. Man spürt, daß jene Reisenden ungern an der Stelle dessen wären, der sie, wie ich, abreisen sieht.

Großgewachsene junge Mädchen warten, bis das Gepäck aufgegeben ist. Sie sind schön. Ich beobachte sie, wobei ich mich frage, ob sie, als Arbeiterinnen gekleidet, genauso schön wären.

Ich liebe die Gare de Lyon, weil dahinter die Seine ist, mit ihren Böschungen, mit ihren Kränen, die sich drehen, mit ihren Kähnen, unbeweglich wie kleine Inseln, mit ihren Rauchschwaden, die sich im Himmel ausbreiten.

Un jour, ne sachant comment employer mon temps, je me décidai à passer quelques heures dans la gare de Lyon.

Les portes sans serrures battaient l'air. Mes pieds glissaient sur les dallages de verre, comme dans une forêt de sapins. Des publications collaient sur les carreaux humides d'un kiosque. Les courants d'air empêchaient les gens d'ouvrir leurs journaux. Derrière les guichets, il y avait de la lumière, malgré le jour. Les employés de chemin de fer avaient un air de parenté avec les sergents de ville.

Personne ne faisait attention à moi. J'étais triste. Je m'efforçais de le demeurer. Je voulais que les voyageurs eussent un remords, en partant, qu'ils pensassent à moi, en roulant vers d'autres pays.

Je marchais la tête basse et, quand je rencontrais une jolie femme, je la regardais avec mélancolie, pour la toucher. J'espérais qu'elle devinerait mon besoin d'amour.

Lorsque je sors de chez moi, je compte toujours sur un événement qui bouleversera ma vie. Je l'attends jusqu'à mon retour. C'est pourquoi je ne reste jamais dans ma chambre.

Malheureusement, cet événement ne s'est jamais produit.

– Hé... là-bas... l'homme !

M'étant retourné, je vis, à vingt mètres, un monsieur qui devait se trouver dans un courant d'air : son pardessus flottait comme sur le pont d'un navire. Une valise pendait au bout de son bras droit.

Ne sachant pas si c'était à moi qu'il s'adressait, j'attendis. Alors, il me fit un signe avec l'index, comme s'il pressait sur une gâchette.

Je regardai autour de moi, afin de m'assurer qu'il n'appelait pas quelqu'un d'autre et, ne voyant personne, je m'approchai. Cet inconnu était

Eines Tages, unschlüssig, was ich mit meiner Zeit anfangen sollte, beschloß ich, einige Stunden in der Gare de Lyon zu verbringen.

Flatternde Türflügel überall, ohne Schlösser. Meine Füße rutschten über die Glasfliesen, wie in einem Tannenwald. Bekanntmachungen klebten an den feuchten Karos eines Kiosks. Der Luftzug hinderte die Leute daran, ihre Zeitungen aufzuschlagen. Hinter den Schaltern brannte Licht, obwohl es Tag war. Die Eisenbahnbediensteten hatten etwas von den Wachtmeistern in der Stadt.

Niemand beachtete mich. Ich war traurig. Ich bemühte mich, es zu bleiben. Ich wollte, daß die Reisenden bei der Abfahrt ein schlechtes Gewissen hätten: daß sie an mich dächten, wenn der Zug mit ihnen in andere Länder rollte.

Ich ging mit gesenktem Kopf, und wenn ich einer hübschen Frau begegnete, betrachtete ich sie mit Schwermut, um sie zu rühren. Ich hoffte, sie würde mein Bedürfnis nach Liebe fühlen.

Wenn ich von zu Hause weggehe, rechne ich immer mit einem Ereignis, das mein Leben von Grund auf ändern wird. Ich erwarte es bis zum Moment meiner Rückkehr. Das ist der Grund, daß ich nie im Zimmer bleibe.

Leider ist dieses Ereignis nie eingetreten.

– He ... Sie dort!

Indem ich mich umdrehte, erblickte ich in einiger Entfernung einen Herrn, der wohl in einem Luftzug stand: sein Überzieher flatterte wie auf einer Schiffsbrücke. Ein Koffer zog ihm den rechten Arm hinunter.

Da ich nicht wußte, ob er sich an mich gewandt hatte, wartete ich ab. Darauf gab er mir mit dem Zeigefinger ein Zeichen, so als drückte er auf einen Abzug.

Ich schaute um mich, um sicher zu sein, daß er keinen anderen meinte, und als da niemand war, trat ich näher. Der Unbekannte war fett. Sein Bauch wölbte sich

gras. Son ventre sortait du veston. Les poils de sa moustache rousse étaient égaux.

J'étais ennuyé, non pas qu'il me prît pour un commissionnaire, mais du fait qu'il troublait mon amertume. Maintenant, quelqu'un me parlait ! Je ressemblais donc à tout le monde. À cause de cet homme je n'avais plus le droit de me plaindre.

– Prends cette valise, mon brave.

Il avait la paresse des gens qui ont voyagé et qui trouvent naturel que l'on se précipite sur eux, qu'on leur fraye un passage.

J'hésitais à prendre la valise : une jeune fille nous observait.

À la fin, m'étant résigné, je saisis la poignée de ma main valide et je suivis le voyageur.

Son pardessus se relevait derrière, sans doute parce qu'il s'était assis dessus.

À chaque instant, je m'arrêtais pour me reposer et pour regarder mes doigts écrasés.

Le voyageur, lui, ne s'arrêtait pas en même temps que moi. Il continuait sa route et m'attendait plus loin, pour n'avoir pas à m'adresser la parole.

Tout le long du chemin, je baissai les yeux, car j'étais honteux. La valise appuyée contre ma jambe faisait descendre mon pantalon.

J'aurais voulu raconter ma vie à cet homme : il se serait peut-être intéressé à moi. J'y tenais d'autant plus que, si je ne le faisais pas, j'aurais été mécontent de moi.

À certains moments, raconter mes souffrances était facile, à d'autres, impossible, surtout quand je m'apprêtais à parler.

Car, chaque fois que je me préparais à parler, ce voyageur cherchait un objet dans sa poche ou bien fixait son regard sur quelque chose. Il n'en fallait pas davantage pour m'en empêcher. Je craignais de déranger un monsieur aussi impor-

aus dem Jackett. Seine Schnurrbarthaare waren alle gleich lang.

Ich war verärgert, nicht etwa, weil er mich für einen Kofferträger hielt, sondern weil er meine Bitternis störte. Man redete mich an: ich war also jemand x-beliebiger. Wegen dieses Mannes hatte ich kein Recht mehr zur Klage.

– Nimm den Koffer, mein Guter.

Er zeigte die Trägheit der Leute, die viel gereist sind, und die es ganz natürlich finden, daß sofort jemand für sie da ist und ihnen einen Weg bahnt.

Ich zögerte, den Koffer zu nehmen: ein junges Mädchen schaute gerade her.

Schließlich gab ich nach, packte den Griff mit meiner gesunden Hand und folgte dem Reisenden.

Sein Überzieher war hinten geknickt, sicher weil er darauf gesessen hatte.

Immer wieder hielt ich an, um zu verschnaufen und meine gequetschten Finger zu betrachten.

Der Reisende freilich blieb nicht zur gleichen Zeit stehen wie ich. Er setzte seinen Weg fort und wartete weiter weg auf mich; so brauchte er nicht mit mir zu reden.

Auf der ganzen Strecke hielt ich die Augen gesenkt; denn ich schämte mich. Die Last des Koffers am Bein ließ mir die Hose rutschen.

Ich hätte jenem Unbekannten gern mein Leben erzählt: er hätte vielleicht Interesse an mir gefunden. Mir lag um so mehr daran, als ich, wenn ich es nicht getan hätte, mit mir selber unzufrieden gewesen wäre.

Es gab Augenblicke, da es ein leichtes gewesen wäre, von meinen Leiden zu erzählen – dann wieder war es unmöglich, besonders, wenn ich zum Sprechen ansetzte.

Denn sooft ich mich bereitmachte, etwas zu sagen, wühlte der Reisende in seiner Tasche, oder aber er fixierte mit seinen Blicken irgendeinen Gegenstand. Das genügte, mich abzuschrecken. Ich hatte Angst, ich könnte einen so wichtigen Herrn belästigen. Ich fühlte: sollte

tant. Je sentais que, pour m'écouter, il était indispensable qu'il n'eût rien d'autre à faire.

Dès que nous fûmes sur le trottoir, un taxi vint se ranger devant nous.

J'ouvris la portière aussi difficilement que celle d'un wagon: je ne savais pas de quel côté on tournait la poignée.

Le chauffeur baissa son drapeau et nous examina de haut en bas, comme un cavalier.

Il était si calme que je compris que les efforts que je faisais pour soulever la valise devaient paraître ridicules.

Le monsieur donna son adresse assez fort, à cause du moteur, puis étalant de la monnaie sur sa main, il choisit une pièce et me la tendit.

Je sentis que dans quelques secondes je rougirais. Moins par fierté que pour me rendre intéressant, je refusai. Je fis même un geste avec la main.

— Vous ne voulez pas? interrogea le voyageur, changeant de ton et me disant vous.

Ce refus, pourtant ordinaire, l'avait ému.

Le chauffeur, violet comme une varice, nous observait, les mains sur le volant.

— Pourquoi refuser? Vous êtes pauvre.

À cet instant, j'aurais dû balbutier quelque chose et me sauver. Mais je restais, espérant je ne sais quoi.

— Vous m'intéressez, mon brave.

L'inconnu sortit une carte de visite et, l'appliquant contre le taxi, il écrivit: «Dix heures».

— Tenez... Venez me voir demain matin.

Il monta dans l'automobile, qui bascula comme une barque.

Immobile, la carte à la main, ne sachant que dire et voulant parler, je restais là, au bord du trottoir.

Le taxi vira dans la cour et repassa devant moi.

er mir zuhören, so wäre es unabdingbar, daß er zugleich nichts anderes zu tun hätte.

Kaum waren wir draußen auf dem Trottoir, hielt vor uns ein Taxi.

Das Öffnen der Tür bereitete mir die gleichen Schwierigkeiten wie bei einem Waggon: ich wußte nicht in welche Richtung den Griff drehen.

Der Chauffeur zog seine Standarte ein und musterte uns von Kopf bis Fuß, wie ein Reiter.

Er ruhte so in sich, daß meine Anstrengungen beim Heben des Koffers lächerlich erscheinen mußten.

Der Herr gab seine Adresse an, mit ziemlich lauter Stimme, wegen des Motors; dann wählte er eine Münze aus dem Kleingeld in seiner Hand und hielt sie mir hin.

Ich spürte, daß ich gleich erröten würde. Weniger aus Stolz als um mich interessant zu machen, lehnte ich ab. Ich vollführte sogar eine entsprechende Geste.

– Sie wollen nichts? fragte der Reisende, indem er den Ton änderte und «Sie» zu mir sagte.

Die Ablehnung, obgleich unscheinbar, hatte ihn betroffen.

Der Chauffeur, violett wie eine Krampfader, betrachtete uns, die Hände auf dem Volant.

– Warum lehnen Sie ab? Sie sind arm.

In diesem Augenblick hätte ich irgend etwas hervorstottern und verschwinden sollen. Aber ich blieb, mit einer unbestimmten Hoffnung.

– Sie interessieren mich, mein Guter.

Der Unbekannte zog eine Visitenkarte hervor und schrieb darauf, das Taxi als Unterlage benutzend: «Zehn Uhr».

– Hier... Kommen Sie mich morgen früh besuchen.

Er stieg ins Automobil, das schwankte wie eine Barke.

Bewegungslos, die Karte in der Hand, nach Worten suchend und nicht wissend was sagen, blieb ich am Trottoirrand stehen.

Das Taxi zog auf dem Vorplatz eine Schleife und kam

Le chauffeur me regarda avec l'air de dire: «Malin, va!» Je vis, une seconde, le monsieur qui allumait une cigarette.

Le taxi s'éloigna. Sans savoir pourquoi, j'en pris le numéro.

Je ne voulais pas qu'on me vît lire cette carte. Comme des gens me surveillaient, je m'éloignai.

Ce ne fut qu'après avoir marché pendant cinq minutes que je lus: JEAN-PIERRE LACAZE, *Industriel*, 6, rue Lord-Byron.

Cette carte me fit une grande impression, à cause des deux prénoms reliés par un tiret, du mot «industriel» et de cette rue Lord-Byron, qui certainement ne se trouvait pas dans mon quartier.

Oui, demain, j'irais chez ce monsieur, à dix heures.

J'étais donc sauvé, puisqu'on s'intéressait à moi.

Jean Tardieu: La rue Chaptal

Quand je me représente l'aspect physique du cerveau humain, tel qu'on le voit sur les planches d'anatomie les plus courantes, une image s'impose à moi, qui a tous les défauts et toutes les qualités d'une métaphore, sa puérilité et son pouvoir de suggestion, sa simplicité et ses ruses: c'est que l'aspect du cerveau me fait irrésistiblement penser au plan d'une grande ville.

L'un et l'autre suggèrent des cheminements. Il y a des rues dans le cerveau comme dans une cité. Des lieux de promenade et de flânerie, avec beaucoup de replis et de détours, souvent déroutants, des carrefours pour faire halte et pour s'orienter, des élargissements et des tassements, des avenues et des sentiers cachés.

wieder an mir vorbei. Der Chauffeur blickte mich an, als wollte er sagen: «Hau ab, Schlaukopf!» Für einen Moment sah ich den Herrn, der sich eine Zigarette anzündete.

Das Taxi entfernte sich. Ohne zu wissen weshalb, merkte ich mir die Nummer.

Ich wollte beim Lesen der Karte nicht gesehen werden. Da Leute mich beobachteten, ging ich weg.

Erst nach einer gehörigen Strecke Weges las ich: JEAN-PIERRE LACAZE, *Industrieller*, 6, rue Lord-Byron.

Diese Karte beeindruckte mich sehr, wegen der beiden Vornamen, verknüpft mit einem Bindestrich, wegen des Wortes «Industrieller», und wegen der Rue Lord-Byron, die sicher nicht zu meinem Viertel gehörte.

Ja, morgen um zehn Uhr würde ich jenen Herrn aufsuchen.

Ich war gerettet: man interessierte sich für mich.

Jean Tardieu: Die Rue Chaptal

Wenn ich mir die äußere Gestalt des menschlichen Gehirns vor Augen führe, so wie es auf den gewöhnlichen Anatomie-Tafeln dargestellt ist, drängt sich mir ein Bild auf, ein Bild mit allen Fehlern und Vorzügen einer Metapher, mit all ihrer Naivität und Eindringlichkeit, ihrer Einfachheit und ihren Tricks: der Anblick des Gehirns erinnert mich nämlich unwiderstehlich an den Plan einer großen Stadt.

Beide schlagen einem Wanderungen vor. Im Gehirn gibt es Straßen wie in einer Stadt, Orte zum Spazierengehen und zum Schlendern, mit vielen Windungen und Umwegen, die oft vom Weg abschweifen, Kreuzungen, bei denen man anhält und sich orientiert, Straßen, die sich erweitern, und Ballungen, Prachtstraßen und verwinkelte Gäßchen.

De là vient que ma pensée est souvent parcourue de lieux dans l'espace plutôt que de successions dans le temps ou que les deux façons d'évaluer se superposent, comme si mon existence personnelle n'était rien d'autre qu'une ville en miniature ou bien, à l'opposé, comme si la capitale où j'ai passé la plus grande partie de mon temps, c'est-à-dire la ville de Paris, en était la figuration visible.

Ainsi, des rues où j'ai vécu (si je pense, du moins, à mon enfance et à ma jeunesse), deux artères principales font l'objet d'une circulation intense où se mélangent et voisinent familièrement les réalités vécues et les apparitions imaginaires, le travail et la flânerie, voire les plaisirs défendus.

Il s'agit de deux courtes rues presque contiguës, orientées d'est en ouest, au pied de la butte Montmartre, bien caractérisées l'une et l'autre et, dans mon cas, peuplées d'expériences diverses : la rue Chaptal et la rue Ballu. Leur situation horizontale, par rapport au plan nord-sud de la capitale, les prédispose, d'ailleurs, toutes deux, à ménager des temps d'arrêt et de repos, après la longue ascension des rues montantes, comme la rue de Clichy, la rue Pigalle ou la rue Blanche.

De la première, la rue Chaptal, j'ai parlé souvent parce que ce fut le lieu où j'ai vécu avec mes parents dès l'âge de deux ans et, plus tard, où je me suis installé, avec ma femme, au début de notre mariage, jusqu'à la naissance de notre fille. Cette période, qui s'étend de 1905 à 1938, a été riche d'événements dramatiques et de terribles changements, pour les peuples et pour les personnes, car elle comprime, dans un délai relativement court et entre deux accalmies dangereuses (les deux avant-guerres), presque la totalité des deux conflagrations mondiales, la première dans

Daher kommt es, daß meine Gedanken oft mehr von Orten im Raum durchzogen werden als von Abfolgen in der Zeit, oder daß sich die beiden Formen von Wahrnehmung überlagern, als wäre mein eigenes Dasein nichts anderes als eine Stadt in kleinem Maßstab, oder, im Gegenteil, als wäre die Hauptstadt, in der ich den größten Teil meiner Zeit verbracht habe, als wäre Paris ihre sichtbare Darstellung.

So sind unter den Straßen, in denen ich gewohnt habe (jedenfalls, wenn ich an meine Kindheit und Jugend denke), zwei große Hauptverkehrsadern voll dichtem Verkehr, in denen sich erlebte Realität mit Bildern der Vorstellung, Arbeit mit Müßiggang und verbotenen Vergnügungen mischen und nachbarlich-vertraut zusammenleben.

Es handelt sich um zwei kurze Straßen zu Füßen des Montmartre-Hügels, die west-östlich verlaufen und sich fast berühren, jede mit ganz eigenem Wesen, und, was mich betrifft, von ganz verschiedenen Erfahrungen belebt: die Rue Chaptal und die Rue Ballu. Ihr waagerechter Verlauf, in bezug auf einen nord-südlich ausgerichteten Plan der Hauptstadt, macht sie übrigens beide besonders geeignet, dort eine Zeit des Anhaltens, des Ausruhens zu verbringen nach dem steilen Anstieg durch die Rue de Clichy, die Rue Pigalle oder die Rue Blanche.

Von der ersteren, der Rue Chaptal, habe ich oft gesprochen, denn dort habe ich, seit ich zwei war, mit meinen Eltern gelebt, und später bin ich mit meiner Frau dorthin gezogen, zu Beginn unserer Ehe, bis zur Geburt unserer Tochter. Diese Zeit erstreckt sich über die Jahre von 1905 bis 1938 und war reich an schrecklichen Ereignissen und furchtbaren Veränderungen, für die Völker und für jeden einzelnen, denn sie enthielt in der ziemlich kurzen Zeit zwischen zwei trügerischen Ruhephasen (den beiden Vorkriegszeiten) fast vollständig zwei weltweite Umwälzungen, die erste in ihrer ganzen Tragik,

son entière tragédie, la seconde sur le point d'é-
clater. Ainsi sont rapprochées, dans un raccourci
cruellement vrai, deux époques gigantesques et
différentes, deux façons de vivre et de penser
sans commune mesure.

La rue Chaptal ! Je l'ai connue durant ma petite
enfance, comme une rue plutôt morose et sans
attraits, sauf le «havre» passionnant et contrasté,
tantôt radieux, tantôt inquiétant, que formait, à
son extrémité orientale, l'immeuble assez imposant où, aux cinquième et sixième étages, était
juchée (en «duplex», comme on dirait aujour-
d'hui) la famille de Victor et Caroline Tardieu
(dite Câline), flanquée de leur rejeton.

Curieusement, la principale originalité de cette
rue, à part le «théâtre de l'épouvante», le fameux
Grand-Guignol d'autrefois, naïvement conçu
pour donner la chair de poule aux couples 1900
en mal d'émotions fortes, ne m'a été révélée que
récemment: il y a, en effet, du côté des numéros
pairs, une allée paisible qui s'avance loin, au milieu d'un pâté de maisons, jusqu'à une cour-jar-
din verdoyante et lumineuse, bordée d'une belle
demeure ancienne où vécurent Ernest Renan et
Ary Scheffer et où vint souvent George Sand. Ce
lieu, inconnu du public et longtemps occupé par
des bureaux sans âme, est devenu aujourd'hui un
charmant musée semi-clandestin, consacré à la vie
littéraire et artistique de la fin du romantisme.

Je ne m'attarderai donc pas à évoquer, telle que
je l'ai connue jadis, j'allais dire cette «circonvolu-
tion» qui fut le cheminement de mon cerveau
d'enfant.

Mais au plan minuscule d'une vie privée, j'entends, du fond des ombres, monter jusqu'au
cinquième étage des bruits menus qui donnent
l'impression sonore des choses familières: le
ronflement des autobus qui gravissent poussive-

die zweite im Augenblick ihres Losbrechens. So stehen hier in einem grausam greifbaren Zeitraffer zwei riesige, sehr unterschiedliche Zeitalter ganz nahe beieinander, zwei Arten zu leben und zu denken ohne gemeinsamen Nenner.

Die Rue Chaptal! In meiner frühen Kindheit habe ich sie als eine eher traurige Straße kennen gelernt, ohne besondere Reize, außer dem begeisternden und widersprüchlichen, bald strahlenden, bald unheimlichen «Hafen», einem ziemlich großen Haus an ihrem östlichen Ende, wo hoch oben im fünften und sechsten Stock (heute würde man sagen: in einer Maisonette-Wohnung) die Familie Tardieu wohnte: Victor und Caroline (genannt Câline) mitsamt ihrem Sprößling.

Merkwürdigerweise stieß ich erst vor kurzem auf den – nach dem «Théâtre de l'Epouvante» – originellsten Punkt, den berühmten Grand-Guignol von einst, der ganz einfach dazu erdacht war, den Pärchen um die Jahrhundertwende, denen es an starken Eindrücke mangelte, zu einer Gänsehaut zu verhelfen: tatsächlich führt auf der Seite der geraden Hausnummern eine stille Allee weg von der Straße, zwischen Häuserkomplexen hindurch zu einem begrünten und lichtdurchfluteten Hof, an dem ein schönes altes Wohnhaus steht, wo Ernest Renan und Ary Scheffer lebten und wohin George Sand oft kam. Dieser Platz, der Öffentlichkeit kaum bekannt und lange von seelenlosen Büros belegt, ist heute ein hübsches Museum des literarischen und künstlerischen Lebens der späten Romantik geworden, ein Geheimtip.

Ich werde sie daher in aller Kürze so schildern, wie ich sie damals kennen gelernt habe, diese «Windungen», die das Gängesystem in meinem Kindergehirn gewesen sind.

Doch im engen Blickfeld meines eigenen kleinen Lebens höre ich aus der Tiefe der Dunkelheit schwache Geräusche in den fünften Stock herauf dringen, das klangliche Abbild von lauter vertrauten Dingen: das Röhren der Omnibusse, die kurzatmig die Rue Notre-Dame-de-Lorette er-

ment la rue Notre-Dame-de-Lorette. Au carrefour où se trouve l'arrêt (facultatif!), j'entends le coup de sonnette du contrôleur donnant le signal du départ. Et puis, le soir, en été, il y a le bruit des verres et des soucoupes entrechoqués à la terrasse du café proche. Côté cour où donnaient les chambres des appartements, c'était aussi le tumulte des cuisines, quelques appels de voix, quelques chantonnements, et l'odeur diverse des mets en préparation, avant que les lumières ne s'éteignent dans le silence et qu'un peu d'air venu d'en haut ne commence à chasser faiblement les fumées écœurantes des fourneaux.

Entre la façade «noble» située sur la rue et la cour, étroite et sombre comme un puits, s'étageait, selon l'entassement symbolique des classes sociales, la vie des riches et des pauvres. Notre état se situait entre les deux, comme il advient souvent à ces étranges personnes que l'on nomme aujourd'hui «gens de culture» – ce qui englobe toutes sortes de métiers souvent décriés ou même ridiculisés, tels que: «intellectuels» ou, pis encore, «artistes»! Tous ceux-là sont, bien souvent, plus ou moins besogneux et inquiets du lendemain, même si, parfois, des *rémissions* leur apportent une certaine aisance.

Notre vie familiale était vouée à connaître cette oscillation entre les «hauts» et les «bas» de l'existence et qui appelle l'image des toboggans de la Foire. Avant la guerre de 14, mes parents connurent la vie aisée d'artistes-bourgeois sur la pente ascendante. Les commandes de grandes toiles pour les monuments publics affluaient dans l'atelier du père, les leçons de musique dans le salon de la mère. Chose incroyable, avant la quasi-misère qui suivit ces quelques années de prospérité, il y eut à la maison deux «domestiques»: une vieille Auvergnate qui tenait lieu de

klimmen. Bei der (Bedarfs!-)Haltestelle an der Ecke höre ich das Klingeln, mit dem der Schaffner das Zeichen zum Abfahren gibt.

Und dann, abends, im Sommer, ist da das Geräusch aneinanderstoßender Gläser und Tellerchen auf der Terrasse des nahegelegenen Cafés. Auf der Hofseite, zu der die Wohnungen ihre Schlafzimmer hatten, waren auch die Geräusche der Küchen zu hören, mal ein Rufen, mal ein geträllertes Lied, und die vielfältigen Düfte vom Zubereiten der Speisen, und dann wurde es ruhiger, die Lichter gingen aus und ein leichter Lufthauch von oben begann sanft die beklemmenden Schwaden aus den Öfen zu vertreiben.

Zwischen der «vornehmen» zur Straße gelegenen Front und dem Hof, der eng und dunkel wie ein Brunnen war, stapelte sich wie eine symbolische Schichtung der Gesellschaftsklassen das Leben der Reichen und der Armen. Wir waren vom Status her dazwischen, wie es oft bei den seltsamen Leuten ist, die man heute «gebildet» nennt, was alle Arten von Berufen meint, die oft verrufen sind oder gar lächerlich gemacht werden, nämlich «Intellektuelle» oder, schlimmer noch, «Künstler»!

Sie alle sind oft ziemlich in Sorge und Unruhe wegen des nächsten Tages, selbst wenn ihnen gelegentlich ein *Rabatt* ein bißchen Erleichterung bringt.

Unser Familienleben war davon geprägt, daß man dieses Auf und Ab zwischen den «Höhen» und den «Tiefen» des Daseins kennenlernte, das an die Achterbahnen auf Jahrmärkten erinnert. Vor dem Ersten Weltkrieg hatten meine Eltern das bequeme bürgerlich-künstlerische Leben am aufsteigenden Ast gehabt. In der Werkstatt meines Vaters herrschte rege Nachfrage nach großen Tuch-Planen für öffentliche Denkmäler, im Salon meiner Mutter nach Musikstunden. Kaum vorstellbar, daß es in den Wohlstandsjahren, die den Zeiten der relativen Armut vorausgingen, zwei «Bedienstete» im Haus gab: eine alte Frau aus der Auvergne, die als Köchin ange-

cuisinière et sa fille, deux personnes revêches qui servaient à table en rechignant. Elles habitaient, sans se plaindre, dans le couloir de l'escalier de service, deux chambres sans lumière et sans feu.

Pour les «maîtres», c'était l'illusion éphémère d'une existence cossue. Un père à l'aspect imposant et fastueux, qui soignait sa cave où sont les bons vins, et ses grands placards où sont les toiles inachevées. Une mère élégante et spirituelle dont l'image musicale résonne à mes oreilles de sons prestigieux: le cliquetis des doigts et des ongles sur les notes aiguës de la harpe, quand crépitait symboliquement le brasier de Log, le dieu du Feu, dans *La Walkyrie* (Câline jouait encore dans un orchestre, soit au concert, soit au théâtre). Peu après, je me souviens des premières dissonances et des premiers frissons de Debussy, des hardiesses de Ravel, de Moussorgski, de Stravinski ou de Bartók.

Il y eut, dans ce petit appartement (les plus vastes espaces étaient au-dessus, dans l'atelier), des soirées de gens illustres. Je me souviens de la belle chevelure blanche de Gabriel Fauré, de son teint bistre d'homme du Midi, contrastant avec le visage souriant et pâle de son égérie, Marguerite H., une amie d'enfance de ma mère.

J'ai vu aussi, un matin, à la maison, Camille Saint-Saëns apporter à mon père la nouvelle d'une décoration souhaitée. J'aperçois, près de la fenêtre, son profil de casse-noisette barbu, j'entends sa voix cassante et jacassante. Déjà s'opposaient à cette visite académique, mais tout de même prestigieuse, les déjeuners pleins de surprises, où Germaine Tailleferre, échappée du groupe des «Six», vive et forte de ses vingt ans, apparaissait, aux yeux du petit garçon ébloui que j'étais, comme auréolée par les surprises de la musique nouvelle et les trouvailles ironiques d'Erik Satie...

stellt war, und ihre Tochter, zwei Wesen von sprödem Charme, die mürrisch das Essen servierten. Sie hausten klaglos in zwei dunklen, nicht heizbaren Zimmern auf dem Dienstbotenflur.

Für die «Herrschaften» war es die allzu vergängliche Vorstellung vom behaglichen Leben. Ein Vater mit stattlichem, glanzvollem Auftreten, der einen Keller voller erlesener Weine unterhielt und Schränke voller Rohmaterial zu Tüchern besaß. Eine gewandte und geistreiche Mutter, die als musikalische Erinnerung mit herrlichen Klängen in meinen Ohren widerhallt: das Scharren von Fingern und Nägeln auf den hohen Saiten der Harfe, wenn in der *Walküre* die Glut des Feuergottes Loge knisterte (Câline spielte auch in einem Konzert- und Opernorchester). Bald danach erinnere ich mich an die ersten Dissonanzen und an das erste Erschauern bei Debussy, an die kühnen Harmonien bei Ravel, an Mussorgskij, Strawinskij und Bartók.

In dieser kleinen Wohnung (die größeren Räume lagen im Stockwerk darüber, in der Werkstatt) gab es gesellige Abende mit berühmten Leuten. Ich erinnere mich an die weiße Haarpracht von Gabriel Fauré, an seine dunkle Haut des Südländers, die im Gegensatz stand zu dem blassen, lächelnden Gesicht seiner Muse Marguerite H., einer Jugendfreundin meiner Mutter.

Einmal habe ich bei uns zu Hause auch Camille Saint-Saëns gesehen, der meinem Vater die Nachricht von einer heiß ersehnten Auszeichnung überbrachte. Ich sehe noch sein bärtiges Nußknackerprofil am Fenster, höre noch seine scharfe, plappernde Stimme. Schon bald kamen zu diesem akademischen, aber immerhin reputierlichen Besuch die aufregenden Abendessen hinzu, bei denen Germaine Tailleferre auftauchte, die der Gruppe der «Sechs» entsprungen war, lebhaft und stark war mit ihren zwanzig Jahren, und für die Augen des kleinen staunenden Jungen, der ich war, wie im Strahlenglanz der Überraschungen der neuen Musik und der ironischen Erfindungen Erik Saties stand ...

Mais ce temps de faste ne fut pas éternel. Mon père ayant été mobilisé en 1914 pour la durée de la guerre, nous avons connu, comme toutes les familles modestes, les privations et la vie difficile, la hantise du «Front» si proche – avec quelques bombardements, la descente précipitée à la cave, fragile et dérisoire abri. Nous vivions, ma mère et moi, des leçons qu'elle donnait tous les jours à des élèves du Conservatoire dont elle était la répétitrice préférée. J'allais au lycée Condorcet, traînant mon lourd cartable. Au retour, il faisait froid dans les chambres et les repas frôlaient la frugalité. Je travaillais dans la salle à manger, une des deux seules pièces qui fussent chauffées avec le salon de musique, dont je n'étais séparé que par une porte vitrée. D'où les fréquents coups d'œil aux petites élèves. Mes études s'en ressentaient, car la musique favorisait la rêverie aux dépens de *L'Enéide* ou des «verbes forts» de la langue allemande. Bref, au luxe d'autrefois avait succédé cette humble vie...

Isabelle Eberhardt: Les Journaliers. Avril 1900. Paris

Aperçu, un soir, à la clarté vague des étoiles et des réverbères, les silhouettes blanches des croix du cimetière Montparnasse se profilant comme des fantômes, sur le noir velouté des grands arbres... Et songé que toute l'haleine puissante de Paris grondant à l'entour ne parvenait point à troubler l'ineffable sommeil des inconnus qui dormaient là...

Aber die Zeit des Wohlstands dauerte nicht an. Mein Vater war 1914 für die Dauer des Krieges eingezogen worden, und so lernten wir wie alle Familien des Mittelstandes die Entbehrungen und das schwierige Leben kennen, die Angst vor der nahen Front – auch mit Bombenangriffen, bei denen der steile Kellerabgang als lächerlich zerbrechlicher Unterstand diente. Meine Mutter und ich lebten von den Musikstunden, die sie jeden Tag den Schülern des Konservatoriums gab, bei denen sie die beliebteste Lehrerin war. Ich ging mit meiner schweren Schultasche aufs Lycée Condorcet.

Wenn man wieder zu Hause war, waren die Schlafzimmer kalt und die Mahlzeiten fast karg. Meine Aufgaben machte ich im Eßzimmer, dem einzigen geheizten Raum außer dem Musikzimmer, von dem mich nur eine Glastür trennte. So warf ich öfter ein Auge auf die kleinen Schülerinnen. Darunter litt mein Lernen, denn die Musik begünstigte das Träumen zu Lasten der *Aeneis* oder der «starken Verben» des Deutschen. Mit einem Wort: Auf den Wohlstand war ein bescheidenes Leben gefolgt...

Isabelle Eberhardt: Tagebuch. Paris, April 1900

Eines Abends bemerkt, wie sich die hellen Umrisse der Kreuze auf dem Friedhof Montparnasse im fahlen Schimmer der Sterne und Straßenlaternen Gespenstern gleich vor dem samtenen Dunkel der großen Bäume abheben ... Und gedacht, daß der ganze mächtige Atem von Paris, der darum herum stürmt, den unsagbaren Schlummer der Unbekannten, die dort ruhen, nicht im geringsten stören kann ...

Les printemps poussent l'organisme à des actes qui, dans une autre saison, lui sont inconnus et maint traité d'histoire naturelle abonde en descriptions de ce phénomène, chez les animaux. Qu'il serait d'un intérêt plus plausible de recueillir certaines des altérations qu'apporte l'instant climatérique dans les allures d'individus faits pour la spiritualité! Mal quitté par l'ironie de l'hiver, j'en retiens, quant à moi, un état équivoque tant que ne s'y substitue pas un naturalisme absolu ou naïf, capable de poursuivre une jouissance dans la différentiation de plusieurs brins d'herbes. Rien dans le cas actuel n'apportant de profit à la foule, j'échappe, pour le méditer, sous quelques ombrages environnant d'hier la ville: or c'est de leur mystère presque banal que j'exhiberai un exemple saisissable et frappant des inspirations printanières.

Vive fut tout à l'heure, dans un endroit peu fréquenté du bois de Boulogne, ma surprise quand, sombre agitation basse, je vis, par les mille interstices d'arbustes bons à ne rien cacher, total et des battements supérieurs du tricorne s'animant jusqu'à des souliers affermis par des boucles en argent, un ecclésiastique, qui à l'écart de témoins, répondait aux sollicitations du gazon. A moi ne plût (et rien de pareil ne sert les desseins providentiels) que, coupable à l'égal d'un faux scandalisé se saisissant d'un caillou du chemin, j'amenasse par mon sourire même d'intelligence, une rougeur sur le visage à deux mains voilé de ce pauvre homme, autre que celle sans doute trouvée dans son solitaire exercice! Le pied vif, il me fallut, pour ne produire par ma présence de dis-

Der Frühling treibt den Organismus zu Äußerungen, die ihm in einer anderen Jahreszeit fremd sind, und manche naturgeschichtliche Darstellung beschreibt ausführlich dieses Phänomen bei den Tieren. Von wie noch viel verständlicherem Interesse wäre es, einige bestimmte Veränderungen aufzuzeigen, die der kritische Augenblick im Verhalten jener auslöst, die für das geistliche Leben bestimmt sind! Von der ironischen Intellektualität des Winters nur halb befreit, gerate ich selber in einen zweideutigen Zustand, der erst allmählich einer ausschließlichen, ursprünglichen Naturverbundenheit weicht, die mich befähigt, noch an jedem einzelnen Grashalm Freude zu haben. Nichts in einem solchen Zustand erscheint der Menge von Bedeutung, und um darüber nachzudenken, flüchtete ich mich unter irgendein neubelaubtes Gezweig am Stadtrand: von seinen fast alltäglichen Geheimnissen will ich jetzt ein ergreifendes und treffendes Beispiel frühlinglicher Eingebungen berichten.

Meine Überraschung war groß, als ich in einem wenig besuchten Teil des Bois de Boulogne durch die tausend Zwischenräume des nichts verbergenden Gesträuchs sah, wie auf dem Boden in dunklem Aufruhr hemmungslos und unter feierlichem Schwanken seines Dreispitzes sich ein Geistlicher bis hinab zu den mit Silberschnallen verschlossenen Schuhen erregte, der fern aller Zeugen den Verlockungen des Rasens Folge leistete. Ich wollte nicht (und nichts dergleichen dient den Ratschlüssen der Vorsehung) wie der üble Heuchler, der einen Stein von der Straße aufhebt, durch mein selbst verstehendes Lächeln auf dem hinter beiden Händen verborgenen Gesicht des armen Mannes eine Röte beschwören, anders als sie ihm ohne Zweifel in seiner einsamen Übung zuteil geworden war! Schnellen Fußes mußte ich, um nicht durch meine Anwesenheit Verwirrung zu stiften, Vorsicht walten las-

traction, user d'adresse; et fort contre la tentation d'un regard porté en arrière, me figurer en esprit l'apparition quasi-diabolique qui continuait à froisser le renouveau des ses côtes, à droite, à gauche et du ventre, en obtenant une chaste frénésie. Tout, se frictionner ou jeter les membres, se rouler, glisser, aboutissait à une satisfaction: et s'arrêter, interdit du chatouillement de quelque haute tige de fleur à de noirs mollets, parmi cette robe spéciale portée avec l'apparence qu'on est pour soi tout même sa femme. Solitude, froid silence épars dans la verdure, perçus par des sens moins subtils qu'inquiets, vous connûtes les claquements furibonds d'une étoffe; comme si la nuit absconse en ses plis en sortait enfin secouée! et les heurts sourds contre la terre du squelette rajeuni; mais l'énergumène n'avait point à vous contempler. Hilare, c'était assez de chercher en soi la cause d'un plaisir ou d'un devoir, qu'expliquait mal un retour, devant une pelouse, aux gambades du séminaire. L'influence du souffle vernal doucement dilatant les immuables textes inscrits en sa chair, lui aussi, enhardi de ce trouble agréable à sa stérile pensée, était venu reconnaître par un contact avec la Nature, immédiat, net, violent, positif, dénué de toute curiosité intellectuelle, le bien-être général; et candidement, loin des obédiences et de la contrainte de son occupation, des canons, des interdits, des censures, il se roulait, dans la béatitude de sa simplicité native, plus heureux qu'un âne. Que le but de sa promenade atteint se soit, droit et d'un jet, relevé non sans secouer les pistils et essuyer les sucs attachés à sa personne, le héros de ma vision, pour rentrer, inaperçu, dans la foule et les habitudes de son ministère, je ne songe à rien nier; mais j'ai le droit de ne point considérer cela. Ma discrétion vis-à-vis d'ébats d'abord

sen; und der Versuchung widerstehend, einen Blick zu-
rückzuwerfen, malte ich mir im Geist das gleichsam dia-
bolische Bild aus, wie er fortfuhr, die jungen Triebe mit
seinen Lenden, rechts, links, mit dem Bauch, niederzu-
walzen, bis zur keuschen Raserei. Alles, sich reiben, die
Glieder schütteln, sich wälzen, kriechen, diente einer Be-
friedigung: selbst das Innehalten im Schreck über das Kit-
zeln eines langen Stengels einer Blume an seinen schwarzen Beinen in dem sonderbaren Kleid, das er trug und das
den Anschein erweckte, in allem sich selbst genug zu sein,
sogar als seine eigene Frau. Einsamkeit, kühle Stille rings
im Grünen, wahrgenommen von weniger empfindlichen
als beunruhigten Sinnen, ihr habt das rasend wilde Flat-
tern des Stoffes gehört; als ob die in seinen Falten ver-
steckte Nacht endlich herausgeschüttelt würde! und die
dumpfen Stöße des wieder verjüngten Gebeins am Boden;
euch aber sah der Besessene nicht. In seinem frohen
Rausch war er zufrieden, in sich die Ursache für einen
Genuß oder Trieb zu finden, der schlecht genug eine
Rückkehr zu den Sprüngen eines Seminaristen auf dem
Rasen entschuldigte. Unter dem Einfluß des Frühlings-
wehens, das milde die unwandelbar in sein Fleisch ge-
schriebenen Regeln anfocht, war auch er gekommen, um
getrieben von der seinem fruchtlosen Denken willkomme-
nen Unruhe durch eine Fühlungnahme mit der Natur,
unmittelbar, eindeutig, handfest, leibhaftig und frei von
aller intellektuellen Neugier die allgemeine Hochstim-
mung zu bejahen; und frei und offen, fern dem Gehorsam
und Zwang seines Berufes, den Regeln, den Verboten, den
Kontrollen, wälzte er sich in der Seligkeit seiner Ureinfalt
glücklicher als ein Esel. Daß er am Ende seines Spazier-
gangs sich rasch und plötzlich aufrichtet, nicht ohne die
Blütenstempel abzuschütteln und zu versuchen, die an-
haftenden Flecken zu beseitigen, der Held meiner Phantasie, um ungesehen in der Menge und in den Gewohnheiten seines Amtes zu verschwinden, will ich keinesfalls
bestreiten; aber ich habe das Recht, es nicht ausdrücklich
zu betonen. Wird meine Zurückhaltung gegenüber den

apparus n'a-t-elle pas pour récompense d'en fixer à jamais comme une rêverie de passant se plut à la compléter, l'image marquée d'un sceau mystérieux de modernité, à la fois baroque et belle?

Jules Laforgue:
Grande complainte de la ville de Paris. Prose blanche

Bonne gens qui m'écoutes, c'est Paris, Charenton compris. Maison fondée en... à louer. Médailles à toutes les expositions et des mentions. Bail immortel. Chantiers en gros et en détail de bonheurs sur mesure. Fournisseurs brevetés d'un tas de majestés. Maison recommandée. Prévient la chute des cheveux. En loteries! Envoie en province. Pas de morte-saison. Abonnements. Dépôt, sans garantie de l'humanité, des ennuis les plus comme il faut et d'occasion. Facilités de paiement, mais de l'argent. De l'argent, bonne gens!

Et ça se ravitaille, import et export, par vingt gares et douanes. Que tristes, sous la pluie, les trains de marchandise! À vous, dieux, chasublerie, ameublements d'église, dragées pour baptêmes, le culte est au troisième, clientèle ineffable! Amour, à toi, des maisons d'or aux hospices dont les langes et loques feront le papier des billets doux à monogrammes, trousseaux et layettes, seules eaux alcalines reconstituantes, ô chlorose! bijoux de sérail, falbalas, tramways, miroirs de poches, romances! Et à l'antipode, qu'y fait-on? Ça travaille, pour que Paris se ravitaille...

D'ailleurs, des moindres pavés, monte le Lotus Tact. En bataille rangée, les deux sexes, toilettés à la mode des passants, mangeant dans le ruolz! Aux commis, des Niobides; des faunesses aux

soeben beobachteten Ausschweifungen nicht dadurch belohnt, daß ich sie für immer in einem Bild festhalte, wie eine Träumerei im Vorübergehen es auszuspinnen liebte, und das ein geheimnisvoll modernes Siegel trägt, zugleich barock und schön?

Jules Laforgue:
Großes Klagelied der Stadt Paris. Weiße Prosa

Liebe Leute, hört gut zu, hier ist Paris, Charenton inbegriffen. Firma gegründet anno . . ., zu vermieten. Orden und Ehrenzeichen in allen Ausführungen und Größen. Unsterblicher Mietvertrag. Glücksbaustellen Groß- und Einzelhandel, ganz nach Maß. Hoflieferanten von jeder Menge Majestäten. Beste Empfehlungen. Schützt vor Haarausfall. Kauft Lose! Versand in die Provinz. Kein Ruhetag. Abonnements. Ständig am Lager: einwandfrei erhaltene Gebrauchtsorgen, die Menscheit übernimmt keine Garantie. Bequeme Teilzahlung, aber mit Geld. Geld, liebe Leute!

Und der Nachschub, Im- und Export, kommt über zwanzig Bahnhöfe und Zollämter. Wie traurig sind die Güterzüge bei Regen! Euch Göttern die Paramente, die Kirchenmöbel, die Taufmandeln, Gottesdienst im dritten Stock, unsägliche Kundschaft! Dir, Liebe, von goldenen Häusern zu Armenhäusern, deren Windeln und Lumpen Liebesbriefe werden, mit verschlüsselten Namen, Aussteuer und Latzhöschen, nur alkalische Wässer wirken aufbauend, oh Bleichsucht! Flitterkram, gefältelte Gardinen, Trambahnen, Taschenspiegel, Liebeleien! Und was tun die Antipoden? Sie arbeiten, damit Paris versorgt wird . . .

Übrigens, aus jedem kleinen Pflasterstein steigt der Duft von Lotus Tact empor. In geordneter Schlachtreihe, getrennt nach Geschlechtern, in Straßenkleidung, von versilbertem Geschirr essend! Nioben den Ladenschwen-

Christs. Et sous les futaies seigneuriales des jardins très-publics, martyr niaisant et vestales minaudières faisant d'un clin d'œil l'article pour l'Idéal et Cie (Maison vague, là haut), mais d'elles-mêmes absentes, pour sûr. Ah ! l'Homme est un singulier monsieur ; et elle, sa voix de fausset, quel front désert ! D'ailleurs avec du tact...

Mais l'inextirpable élite, d'où ? pour où ? Maisons de blanc: pompes voluptiales ; maisons de deuil: spleenuosités, rancœurs à la carte. Et les banlieues adoptives, humus teigneux, haridelles paissant bris de vaisselles, tessons, semelles, de profil sur l'horizon des remparts. Et la pluie ! trois torchons à une claire-voie de mansarde. Un chien aboie à un ballon là haut. Et des coins claustrals, cloches exilescentes des *dies iræmissibles*. Couchants d'aquarelliste distinguée, ou de lapidaire en liquidation. Génie au prix de fabrique, et ces jeunes gens s'entraînent en auto-litanies et formules vaines, par vaines cigarettes. Que les vingt-quatre heures vont vite à la discrète élite !...

Mais les cris publics reprennent. Avis important ! l'Amortissable a fléchi, ferme le Panama. Enchères, experts. Avances sur titres cotés, achat de nu-propriétés, de viagers, d'usufruit ; avances sur successions ouvertes et autres ; indicateurs, annuaires, étrennes. Voyages circulaires à prix réduits. Madame Ludovic prédit l'avenir de 2 à 4. Jouets *Au Paradis des enfants* et accessoires pour cotillons aux grandes personnes. Grand choix de principes à l'épreuve. Encore des cris ! Seul dépôt ! soupers de centième ! Machines cylindriques Marinoni ! Tout garanti, tout pour rien ! Ah ! la rapidité de la vie aussi seul dépôt...

Des mois, les ans, calendriers d'occasion. Et l'automne s'engrandeuille au bois de Boulogne, l'hiver gèle les fricots des pauvres aux assiettes sans fleurs peintes. Mai purge, la canicule aux

geln, Faunmädchen den Christussen. Und unter dem herrschaftlichen Gebüsch der öffentlichsten Gärten, alberne Märtyrer und gezierte Vestalinnen, die augenzwinkernd Reklame stehen für Ideal & Co (leerstehendes Haus, da oben), aber selber nicht dran glauben, ganz klar. Ah! Der Mensch ist ein ganz besonderer Herr; und sie, ihre Fistelstimme, was für eine leere Stirn! Mit Takt übrigens ...

Die unausrottbare Oberklasse aber, woher? wohin? Wäschehäuser: Lustzeitbestattung; Trauerhäuser: Melancolitis, Verbitterung nach Wahl. Und die adoptierten Vororte, Humusgrind, weidende Klepper, Geschirrbruch, Scherben, Sohlen, seitlich am Horizont des Schutzwalls. Und der Regen! drei Tücher über dem Verschlag einer Mansarde. Ein Hund bellt einen Ball an da oben. Und Klosterecken, Verbannungsglocken des gnadenlosen jüngsten Tages. Sonnenuntergang in feinster Aquarelltechnik oder aus dem Räumungsverkauf eines Bildhauers. Genie direkt ab Fabrik, und diese jungen Leute üben Selbstlitanaien und leere Formeln, mit hohlen Zigaretten. Wie schnell vergeht der Tag den Oberen unter sich ...

Doch die öffentlichen Schreie gehen wieder los. Wichtige Mitteilung! Die Unsinkbare ist gesunken, blockiert den Panama-Kanal. Auktionen, Experten. Anzahlungen auf notierte oder nicht notierte Titel, Ankauf von Hauseigentum, von Leibrenten, von Nutzungsrechten; Anzahlungen auf offene Nachlässe und andere; Kursbücher, Verzeichnisse, Ausschüttungen. Rundreise zu ermäßigten Preisen. Von zwei bis vier sagt Madame Ludovic die Zukunft voraus. Spielzeug *Zum Kinderparadies* und Scherzartikel für die Großen. Große Auswahl an Prinzipien zum Ausprobieren. Nochmal Ausrufer: Einziges Lager! Abendessen zum Hundertsten! Zylindermaschinen Marinoni! Volle Werksgarantie, praktisch geschenkt! Ah! Einziges Lager auch für Schnelligkeit des Lebens ...

Die Monate, die Jahre, Gebrauchtkalender. Und der Herbst fährt die Trauer ein im Bois de Boulogne, der Winter gefriert das Essen der Armen in Tellern ohne gemalte Blumen. Mai reinigt, die Hundstage versengen mit

brises frivoles des plages fane les toilettes coû-
teuses. Puis, comme nous existons dans l'existence où l'on paie comptant, s'amènent ces messieurs courtois des Pompes Funèbres, autopsies et
convois salués sous la vieille Monotopaze du soleil. Et l'histoire va toujours dressant, raturant
ses Tables criblées de piteux *idem*, – ô Bilan, va
quelconque ! ô Bilan, va quelconque...

Gustave Flaubert: Quelques idées reçues

BADAUD
Tous les Parisiens sont des badauds – quoique sur
    dix habitants de Paris, il y ait neuf provinciaux
A Paris, on ne travaille pas.

EAU
L'eau de Paris donne des coliques.
L'eau de mer soutient mieux pour nager.
L'eau de Cologne sent bon, celle de Paris sent
                                    | mauvais.

FUSILLADE
La seule manière de faire taire les Parisiens.

PARIS
La grande prostituée.
La Capitale.
Paradis des femmes, enfer des chevaux.
Idées politiques sur.
Moyen de le mater.
Ce qu'en pense la Province (et vice-versa).

SABOT
On doit toujours dire d'un homme riche, qui a eu
    des commencements difficiles, qu'il est venu à
    Paris «en sabots».

frechen Strandbrisen die teuren Kostüme. Und da wir im Dasein da sind, wo am Ende bar bezahlt wird, kommen die feinen Männer vom Bestattungsinstitut, Obduktionen und Trauermärsche, begrüßt unter dem alten Riesentopas Sonne. Und die Geschichte geht weiter, führt Listen, löscht ihre mit erbärmlichen *idems* übersäten Tafeln – oh Bilanz, sieh zu wo du bleibst! oh Bilanz, sieh zu wo du bleibst . . .

Gustave Flaubert: Ein paar Gemeinplätze

GAFFER

Alle Pariser sind Gaffer – dabei stammen neun von zehn
   Paris-Bewohnern aus der Provinz.
In Paris wird nicht gearbeitet.

WASSER

Das Pariser Wasser macht Bauchschmerzen.
Das Meerwasser trägt besser beim Schwimmen.
Kölnisch Wasser duftet, Pariser Wasser stinkt.

ERSCHIESSUNG

Die einzige Möglichkeit, einen Pariser zum Schweigen zu
                      | bringen.

PARIS

Die große Prostituierte.
Die Hauptstadt.
Paradies der Frauen, Hölle der Pferde.
Politische Vorstellungen davon.
Möglichkeiten, es schachmattzusetzen.
Wie man in der Provinz darüber denkt (und umgekehrt).

HOLZSCHUH

Von einem reichen Mann, der es am Anfang nicht leicht
   hatte, muß man immer sagen, er sei «in Holzschuhen»
   nach Paris gekommen.

> *Vivent les gais dimanches*
> *Du peuple de Paris.* v. h.

Il est à Paris depuis trois jours; il a travaillé aux
constructions d'une grande avenue; il est maçon,
madame; il a dix-sept ans, du cœur, des yeux de
petite fille; il se réveille dans la couchette qui
sera un lit s'il masse, un grabat s'il gouape.

Où donc c'est-il ici? Ah! bon! il se souvient; il
essuie dans ses yeux les fumées d'un rêve fait
d'un arbre, d'une maisonnette avec une petite figure coiffée d'un foulard de couleur, comme dans
les pochades des débutants; il a bien envie de
prier. Il s'habille difficilement, les bras sont dur-
cis, douloureux: c'est si long ces pierres qu'on
passe, une à une, de main en main, qui montent
jusqu'à la lune; toute la journée, quatre francs.

Débarbouillé, il ouvre la lucarne: les toits de
Paris, une mer; les cheminées, des mâts; les
églises, les cloches, les oiseaux, l'horizon de va-
peur; le ciel est bleu comme une blouse neuve;
quelques nuages fins comme le brouillard du plâtre. Il songe: «C'est dimanche!»

Il s'habille, voit s'il a bien ses lettres de recom-
mandation pour les visites qu'il doit faire; il descend; une petite remonte avec un pain géant. La
rue, des fiacres, des omnibus, plus beaux, plus
chers sans doute; voilà la Seine, les ponts; il
entre à Notre-Dame, regarde longtemps les ro-
saces, pense à des fleurs, sort lentement.

Ah! mais! il tire une lettre de dessous son
gilet, une grosse adresse qui tient toute l'enveloppe; il ira. En chemin: que dira-t-il? Il y a si
longtemps qu'il ne l'a vue, elle doit être belle,
bien mise; elle ne le reconnaîtra pas pour sûr; il
était si petit enfant quand ils se jetaient de l'eau

Germain Nouveau: Der Handwerker

*Hoch leben die fröhlichen Sonntage
des Pariser Volkes.* V. H.

Seit drei Tagen ist er in Paris; er hat am Bau einer großen
Straße mitgearbeitet; er ist Maurer, gnädige Frau; er ist
siebzehn, hat Sinn und Verstand, hat die Augen eines
jungen Mädchens. Das Lager, auf dem er erwacht, ist ein
Bett, wenn er ranklotzt, eine Pritsche, wenn er rumlumpt.

Wo ist er denn nur? Ach ja, es fällt ihm wieder ein; mit
dem Ärmel reibt er sich den Rest von seinem Traum aus den
Augen: es war der Traum von einem Baum und einem
Häuschen, mit einem kleinen Gesicht, um das ein buntes
Tuch geschlungen war, wie im Malbuch; ihm ist nach beten
zumute. Umständlich zieht er sich an; die Arme sind
steif und tun weh: es nimmt kein Ende und die Steine
sind so schwer, wenn man sie von Hand zu Hand weiter-
reicht, bis zum Mond hinauf, den ganzen Tag, vier Francs.

Er wäscht sich kurz das Gesicht, macht die Luke auf:
die Dächer von Paris, ein Meer; Schornsteine und Ma-
sten, Kirchen, Glocken, Vögel und der Horizont im
Dunst; der Himmel blau wie ein nagelneuer Kittel; ein
paar Wolken, zart wie der Nebel aus Stuck. «Heute ist
Sonntag», denkt er.

Er zieht sich an, sieht nach, ob er die Empfehlungs-
schreiben für die Besuche bei sich hat, die er heute machen
soll. Er geht hinunter, ein Mädchen mit einem riesigen Brot
kommt ihm entgegen. Die Straße, die Droschken, Omnibusse, schöner, teurer, ohne Frage; dort die Seine, die
Brücken; er betritt Notre Dame, betrachtet lange die Fen-
sterrosen, denkt an Blumen, verläßt die Kirche langsam.

Ach so! aus der Westentasche zieht er einen Brief; die
Anschrift ist groß geschrieben, quer über den ganzen Umschlag; da wird er hingehen. Auf dem Weg: was wird er
sagen? Er hat sie so lange nicht mehr gesehen, sie muß
hübsch geworden sein, adrett; sicher wird sie ihn nicht
wiedererkennen; kleine Kinder waren sie gewesen, als sie

dans les yeux, en tapant sur la nappe du grand bassin.

«La rue du Chemin-Vert, savez-vous? – Demandez aux sergos.» Aux sergos!

Il finit par la trouver derrière une gare, auprès d'un pont qui tremble toutes les cinq minutes, sous le passage d'une locomotive. C'est au bout de la rue, l'y voilà.

«Mam'zelle Jeannette Laurier, s'il vous plaît? – Sortie. – Oh! Où qué déjeune? – Où qué déjeune? Est-ce que je sais, moi! Où qué déjeune? Ah! bien!»

La portière prend une prise. Il s'en va, rouge de ce toisement, entre chez le premier marchand de vins, gros, frisé, des bijoux douteux aux doigts, accent piémontais, lève les sourcils et les paupières, abaissant deux prunelles interrogatives.

«Il y a du consommé. Chopine? d'mi s'tier?»

Il ne comprend pas, mange ce qu'on lui sert, avec une grosse envie de pleurer – il est midi – paye, sort, tire de sa poche une seconde lettre: c'est son curé qui écrivit l'adresse de celle-là; écriture de diplomate: «M. Chouraud, rue Mouffetard». Il demande:

«La rue Mouffetard? – Je n'connais que ça, prenez tout droit le boulevard, etc.»

Il suit le boulevard jusqu'à l'endroit où il a cessé de comprendre. Sur les trottoirs, les foules commencent: des familles, des couples, des employés dorlotés par l'elbeuf, des femmes cossues, des dos de soie souples, des poitrines de satin, des amas de jupons blancs tenus à plein poing ganté, du très beau monde, des soldats en promenade, le corps en arrière, une jambe en suspens. Il atteint un carrefour: des attroupements; un hercule; une marchande de savons pour les taches, il en achète. Il se tiendra propre, ça lui fera honneur; sa mère lui a tant recommandé!

sich gegenseitig das Gesicht vollspritzten, indem sie mit der flachen Hand aufs Wasser im großen Becken schlugen.

«Die Rue du Chemin-Vert, kennen Sie die?» – «Fragen sie die Bullen.» Die Bullen!

Schließlich findet er sie hinter einem Bahnhof, in der Nähe von einer Brücke, die alle fünf Minuten erzittert, wenn ein Zug darüber fährt. Es ist am Ende der Straße, er ist da.

«Frollein Jeannette Laurier, bitteschön?» – «Nicht zuhause.» – «So. Wo ißt sie?» – «Wo sie ißt? Woher soll'n ich das wissen! Wo sie ißt? Ach so!»

Die Pförtnerin rümpft die Nase. Er trollt sich, rot vom Gemustertwerden, geht in den nächstbesten Weinladen, hinter der Theke ein Dicker, Lockiger, mit unechten Ringen an den Fingern, piemontesische Aussprache; er hebt Lider und Brauen, zwei fragende Augäpfel blicken herunter.

«Brühe gibt's heute. 'n Schoppen Wein dazu?»

Er versteht nicht, ißt, was man ihm hinstellt, würde am liebsten weinen – es ist Mittag –, zahlt, geht und zieht einen zweiten Brief aus der Tasche: die Adresse darauf hat der Pfarrer geschrieben; Diplomatenschrift: «Monsieur Chouraud, Rue Mouffetard». Er fragt:

«Zur Rue Mouffetard?» – «Das kann ich Ihnen sagen: immer gradeaus, den Boulevard runter ...»

Er geht den Boulevard bis dahin, wo er der Beschreibung nicht mehr hat folgen können. Die Bürgersteige werden immer voller: Familien, Pärchen, in feinen Stoff gekleidete, verwöhnte Angestellte, stattliche Frauen, weiche Seidenrücken, Satinbrüste, unzählige weiße Unterröcke mit behandschuhten Fäusten in den Hüften, wohlhabende Leute, Soldaten in Ausgehuniform, Brust raus, ein Bein angewinkelt. Er kommt an eine Kreuzung: ein Menschenauflauf; ein Gewichtheber; eine Frau hält Fleckseife feil, er kauft eine. Er wird sich sauber kleiden, das wird sich gut machen; seine Mutter hat ihm gesagt, wie wichtig das ist!

«Rue Mouffetard, s'il vous plaît. – Vous y êtes. – Le numéro 2, c'est bien ici: M. Chouraud? – M. Chouraud est à la campagne.» Il ressort.

À la campagne! quand on a une si belle maison! Il est riche, M. Chouraud; il est sorti du peuple, çui-là! et maintenant il a des rentes pour plusse de dix mille francs! Il repassera. Il tire une autre lettre: Célestin Nazaret; c'est à la Villette, il a le temps: il va le long, tout le long des trottoirs; il lit les enseignes; il y en a qu'on dirait de l'or! c'est seulement doré!

Le boulevard descend, planté de belles maisons lourdes et d'arbres frêles: des cafés, des appels de garçons, des jeunes gens entourent la marche d'une fille, pendue au bras de l'un d'eux et qui renverse sa tête en riant; des distributeurs de prospectus à tous les coins; il ne les lit plus, tant il en a, au point qu'il pourrait être distributeur lui-même; mais il les mâche machinalement en pensant à autre chose.

Que c'est loin, la Villette! Il n'en peut plus de lassitude dans les genoux, dans ses yeux, où le kaléidoscope parisien tourne comme dans une ivresse! Prendra-t-il l'omnibus?... Très grosse question. Cet animal est stupéfiant! Quelles roues! quel tonnerre sur les pavés! quels chevaux pesants! Il rase, cet omnibus terrible, les trottoirs; se penche vers les maisons, comme s'il avait deux mots à dire aux boutiques, à l'oreille; il n'osera jamais monter là-dedans, d'abord pour ça; et puis, le conducteur, quel personnage! et la casquette redoutable du monsieur qui vous demande: Où allez-vous? dans le fond du bureau, et qu'entourent les tons criards des réclames illustrées sur les murs. Il n'osera.

Allons! voilà la pluie, maintenant! Deux gosses se sauvent en criant: Ô la lance! Il ne comprend pas, se réfugie sous une porte, avec un professeur

«Zur Rue Mouffetard, bitte.» – «Da sind Sie.» – «Haus Nummer 2, das ist wohl hier: Monsieur Chouraud?» – «Herr Chouraud ist aufs Land gefahren.» Er verschwindet.

Aufs Land! wenn man so ein schönes Haus hat! Reich ist er, der Herr Chouraud; sowas war Kind kleiner Leute, und jetzt – über zehntausend Francs Rente! Er wird später noch einmal vorbeikommen. Er zieht einen anderen Brief aus der Tasche: Célestin Nazaret; das ist in La Villette, er hat Zeit: er geht die Bürgersteige entlang, die ganzen langen Bürgersteige; er liest die Schilder; eins sieht aus wie aus Gold! es ist aber nur golden angemalt!

Die Straße geht bergab, schwere schöne Häuser und zarte Bäume säumen sie: Cafés, Rufe von Kindern, junge Leute umringen ein Mädchen, das an der Hand von einem von ihnen geht und lachend den Kopf in den Nacken wirft; an jeder Ecke einer, der Handzettel verteilt; er liest sie gar nicht mehr, so viele hat er schon, genug, um selber welche zu verteilen; aber er knüllt sie versonnen und denkt an etwas anderes.

Ein weiter Weg ist es nach La Villette! Er kann nicht mehr vor Erschöpfung in den Knien, vor Müdigkeit in den Augen, wo sich das Paris-Kaleidoskop wie im Rausch dreht! Soll er lieber den Omnibus nehmen? ... Schwierige Frage. Ein beeindruckendes Tier! Was für Räder! was für ein Donnern auf dem Pflaster! was für mächtige Pferde! Er streift fast die Bürgersteige, dieser schreckliche Omnibus, neigt sich zu den Häusern, als wolle er den Läden etwas ins Ohr flüstern;

nie würde er sich hinein trauen, schon deswegen; und dann der Busfahrer, was für eine Type! und der Herr mit der beängstigende Mütze ganz hinten in der Bude, umgeben von den schreienden Farben der Werbeplakate, der einen fragt: Wo wollen Sie hin? Er traut sich nicht.

Weiter gehts's! Jetzt auch noch Regen! Zwei Kinder laufen weg und schreien: Oh, es duscht! Er versteht das nicht, rettet sich in einen Hauseingang, zusammen mit

de mathématiques, une nourrice, un petit pâtissier, avec sa manne sur la tête, un chien prudent, et cætera. Ça va le retarder. À quelle heure arrivera-t-il? Il pense à Célestin: bon garçon, farce comme tout, casé maintenant, déménageur chargé de la surveillance, de gros appointements.

La pluie a fini. Il va maintenant, dans l'air humide, le soleil frais, sur les trottoirs comme une rivière gelée; les maisons ne le voient pas passer, ni rien, ni personne. Oh! comme il est perdu! son cœur se serre, tout ce qu'il a de sentiments se pelotonne au fond de lui comme une jeune nichée de chats, et se met à sommeiller en tremblant, et n'ose pas ouvrir les yeux.

Quelle drôle d'idée a eue son père de lui ouvrir un wagon de troisième sur Paris, comme s'il ouvrait un coffre-fort avec des piles de louis; comme il regrette déjà les petites maisons blanches du pays, qu'on bâtissait gaiement, où l'on mettait, avec du beau plâtre, des chemises sur les cloisons légères, en buvant, en fredonnant. Tandis qu'ici!...

Il veut dire tout ça à son pays qu'il va voir. Après deux heures de marche, il monte enfin l'escalier, frappe à la porte, refrappe, personne! sorti!

Dans la chambre voisine, une voix de femme chante: *Anna donna la canne à Canada!*

Un enfant miaule, puis tout se tait. Il se laisse tomber sur les marches, stupide, vide.

«Qu'est-ce que vous faites là?»

C'est le concierge. Il se lève sans répondre; le voilà de nouveau dans la rue, et comme un peu plus seul qu'auparavant. Six heures du soir s'allument au cadran d'une église neuve, la nuit arrive, plus élégante, plus riante, plus claire presque que le jour, avec les lumières des voitures, des restaurants, des théâtres, des concerts, des bals;

einem Mathematiklehrer, einer Amme, einem Bäckerlehrling mit einem großen Korb auf dem Kopf, einem wasserscheuen Hund und anderen. Das kostet ihn Zeit. Wann wird er ankommen. Er denkt an Célestin: der Gute, der Witzbold, jetzt ist er unter der Haube, Vorarbeiter bei einer Umzugsfirma, große Aufträge.

Der Regen hat aufgehört. Er geht jetzt in der feuchten Luft – die Sonne wärmt nicht – über die Bürgersteige, die wie ein gefrorener Fluß aussehen; die Häuser achten nicht auf ihn, auch sonst nichts und niemand. Oh! wie verloren ist er! sein Herz zieht sich zusammen, alles, was er an Gefühlen hat, knäult sich ihm im Innersten wie ein Nest junger Katzen, will träumen und dabei zittern, und traut sich nicht, die Augen aufzumachen.

Was für ein merkwürdiger Einfall von seinem Vater, ihm eine Reise dritter Klasse nach Paris zu spendieren, als wolle er ihm einen Tresor voller Goldtaler aufschließen; was für Heimweh hat er schon jetzt nach den kleinen weißen Häusern seiner Heimat, die man mit Freude baute, denen man die leichten Innenwände mit feinem Gips verputzte, und man trank dabei und trällerte ein Lied. Während hier! . . .

Das alles möchte er gern seiner Heimat erzählen, wenn er sie wieder sieht. Er ist zwei Stunden gelaufen, nun steigt er schießlich die Treppe hinauf, klopft an die Tür, klopft noch einmal, niemand! niemand zu Hause!

Im Nachbarzimmer singt eine Frauenstimme: *Barbara saß nah am Abhang!*

Ein Kind quengelt, dann ist alles still. Er läßt sich auf die Stufen fallen, stumpf, leer.

«Was machen Sie da?»

Der Hausmeister. Er steht auf, ohne ein Wort; und da ist er wieder auf der Straße, sozusagen noch ein bißchen einsamer als vorher. Sechs Uhr abends zeigt die Uhr an einer neugebauten Kirche, die Nacht kommt, schöner, lachender, heller fast als der Tag, mit all den Lichtern der Autos, der Lokale, der Theater, der Konzerte, der Bälle; ein großes Verlangen nach Schlaf überfällt ihn. Er wird

une grande envie de dormir le prend. Il ne dînera pas ; il retournera au petit hôtel borgne, à son cinquième étage. Dormir ! Il va devant lui... dormir ! Il ne sait plus, il s'égare ; il est tard, où est-il maintenant ? Il s'est perdu dans une rêverie lourde ; il a traversé tant de quartiers sans voir, sans entendre, somnambule ! Ce n'est plus la rue ; une espèce de route noire avec des trottoirs et des becs de gaz, et pas de maisons encore ; les souffles sauvages de la campagne, et voilà la Seine ! Il entend l'eau, l'eau ! C'est la seule bonne chose qu'il retrouve, la seule chose qui lui rappelle «chez nous !»... C'est comme une amie d'enfance !...

. . . .

Il s'est endormi dans l'herbe : l'eau le berce ; les étoiles le veillent.

Victor Hugo : Paris vu de l'exil (Novembre 1875)

Voir vivre cette ville, assister à cette grandeur, c'est là pour l'esprit une émotion poignante. Aucun milieu n'est plus vaste ; aucune perspective n'est plus inquiétante et plus sublime. Ceux qui, par les hasards quelconques de la vie, ont quitté la vision de Paris pour la vision de l'océan, n'ont éprouvé, en changeant de spectacle, aucune hausse d'infini. D'ailleurs, passer de l'horizon des hommes à l'horizon des choses, cela n'efface rien. Ce rêve en arrière, auquel s'opiniâtre la mémoire, est flottant comme le nuage, mais plus tenace. L'espace n'en fait pas ce qu'il veut. Le vent en marche jour et nuit, les quatre ouragans qui alternent à jamais, les bises, les bourrasques, les rafales, n'emportent pas la silhouette des deux tours ju-

nichts zu Abend essen; er wird wieder in sein kleines schräges Hotel gehen, in sein Zimmer im fünften Stock. Schlafen! Er trottet weiter ... schlafen! Er kennt sich nicht mehr aus, er verläuft sich; es ist spät, wo ist er überhaupt? Er hat sich in einem schweren Traum verirrt; er läuft durch die Stadtviertel, ohne zu sehen, ohne zu hören, schlafwandlerisch! Das hier ist keine Straße mehr, sondern eine Art dunkle Chaussee mit Bürgersteigen und Gaslaternen, aber ohne Häuser; herbe Luft vom Land, und da: die Seine! Er hört das Wasser, das Wasser! Das einzig Gute, was er findet, das einzige, was ihn an sein Zuhause erinnert! ... Wie eine vertraute Spielgefährtin der Kindheit! ...

. . . .

Er ist im Gras eingeschlafen: das Wasser singt ihm ein Wiegenlied, die Sterne wachen bei ihm.

Victor Hugo: Paris, vom Exil aus gesehen

Diese Stadt leben zu sehen und an ihrer Größe teilzuhaben – für den Geist ist das ein zutiefst prägendes Geschehnis. Keine Umgebung ist ausgedehnter, kein Ausblick beunruhigender und zugleich erhebender. Keiner, der – gleich, aus welchen Zufällen des Lebens – seinen Blick von Paris ab- und dem Ozean zugewandt hat, hat bei diesem Szenenwechsel eine größere Weite empfunden. Es wird im übrigen auch nichts ausgelöscht, wenn man vom Blick auf die Menschen zum Blick auf die Gegenstände wechselt. Der rückwärtsgewandte Traum, zu dem die Erinnerung gerinnt, ist fließend wie eine Wolke, nur zäher. Der Raum kann nicht damit machen, was er will. Der Wind geht Tag und Nacht darüber, die vier Orkane, die sich auf ewig abwechseln, der kalte Nord, die Windstöße, die Böen, können das Bild der Zwillings-

melles, et ne dispersent pas l'arc de triomphe, le gothique beffroi aux tocsins, et la haute colonnade roulée autour du dôme souverain; et, derrière les derniers lointains de l'abîme, au-dessus du bouleversement des écumes et des navires, au milieu des rayons, des nuées et des souffles, s'ébauche au fond des brumes l'immense fantôme de la cité immobile. Auguste apparition au banni. Paris, étant une idée autant qu'une ville, a l'ubiquité. Les parisiens ont Paris, et le monde l'a. On voudrait en sortir qu'on ne pourrait; Paris est respirable. Quiconque vit, même sans le connaître, l'a en soi. A plus forte raison ceux qui l'ont connu. La distraction sauvage de l'océan se complique de ce souvenir, égal aux tempêtes. Quelque orage que fasse la mer, Paris a 93. L'évocation se fait d'elle-même, les toits semblent surgir parmi les flots, la ville se recompose dans toute cette onde, et ce tremblement infini s'y ajoute. Dans la cohue des houles on croit entendre bruire la fourmilière des rues. Charme farouche. On regarde la mer et on voit Paris. Les grandes paix que comportent ces espaces ne contrarient pas ce songe. Les vastes oublis qui vous environnent n'y font rien; la pensée arrive au calme, mais à un calme qui admet ce trouble; l'épaisse enveloppe des ténèbres laisse passer la lueur qui vient de derrière l'horizon, et qui est Paris. On y pense, donc on le possède. Il se mêle, indistinct, aux diffusions muettes de la méditation. L'apaisement sublime du ciel constellé ne suffit pas à dissoudre au fond d'un esprit cette grande figure de la cité suprême. Ces monuments, cette histoire, ce peuple en travail, ces femmes qui sont des déesses, ces enfants qui sont des héros, ces révolutions commençant par la colère et finissant par le chef-d'œuvre, cette toute-puissance sacrée d'un tourbillon d'intelligences, ces exemples tumultueux, cette vie,

türme nicht davontragen und den Triumphbogen nicht verwehen, den gotischen Uhrenturm mit den Sturmglocken nicht, und nicht den hohen Säulenkranz um den hochmögenden Dom; und hinter dem fernen letzten Abgrund, über dem Wirbeln der Gischt und der Schiffe, mitten in Strahlen, Schwaden und Dunst deutet sich hinter dem Nebel das unermeßliche Trugbild der regungslosen Stadt an. Was für eine erhabene Erscheinung für den Verbannten. Paris, zugleich eine Idee und eine Stadt, allgegenwärtig. Den Parisern gehört Paris, und es gehört der ganzen Welt. Man kommt nicht davon los, auch wenn man gerne möchte; Paris ist Atemluft. Wer das Leben hat, hat Paris in sich, auch wenn er nichts davon ahnt. Und erst recht, wer es kennen gelernt hat. Die unterhaltsame Wildheit des Ozeans verknüpft sich mit diesem Erinnerungsbild, das gleichermaßen stürmisch ist. Mag das Meer wüten, Paris hat sein 1793.

Das Bild drängt sich auf, die Dächer erheben sich aus den Fluten, in jeder Woge ersteht die Stadt, und das ewige Beben kommt hinzu. Im Geschiebe der Wogen hört man das Ameisengewimmel in den Straßen summen. Unnahbarer Zauber. Man schaut aufs Meer und man sieht Paris. Die tiefe Ruhe, die dieser Raum umfaßt, stört diesen Traum nicht. Das weite Vergessen, das einen umgibt, ändert nichts daran; das Denken kommt zur Ruhe, doch diese Ruhe läßt das Treiben zu; die enge Hülle der Dämmerung läßt das Licht hereindringen, das hinter dem Horizont scheint, dieses Licht ist Paris. Man denkt daran, also besitzt man es. Ohne daß man es merkt, mischt es sich in die stummen Verästelungen des Nachdenkens. Der erhaben-friedliche Sternenhimmel vermag nicht das große Bild von dieser herrlichen Stadt zu verwischen, das man tief im Herzen trägt. Die Denkmäler, die Geschichte, das Volk bei der Arbeit, die Frauen – Göttinnen, die Kinder – Helden, die Revolutionen, die mit dem Zorn beginnen und mit dem Meisterwerk enden, die heilige Allmacht eines Strudels von Scharfsinn, die stürmischen Beispiele, das

cette jeunesse; tout cela est présent à l'absent; et Paris reste inoubliable, et Paris demeure ineffaçable et insubmersible, même pour l'homme abîmé dans l'ombre, qui passe ses nuits en contemplation devant la sérénité éternelle et qui a dans l'âme la stupeur profonde des étoiles.

Émile Zola: Mon voisin Jacques

I

J'habitais alors, rue Gracieuse, le grenier de mes vingt ans. La rue Gracieuse est une ruelle escarpée, qui descend la butte Saint-Victor, derrière le Jardin des Plantes.

Je montais deux étages – les maisons sont basses en ce pays –, m'aidant d'une corde pour ne pas glisser sur les marches usées, et je gagnais ainsi mon taudis dans la plus complète obscurité. La pièce, grande et froide avait les nudités, les clartés blafardes d'un caveau. J'ai eu pourtant des clairs soleils dans cette ombre, les jours où mon cœur avait des rayons.

Puis, il me venait des rires de gamine, du grenier voisin, qui était peuplé de toute une famille, le père, la mère, et une bambine de sept à huit ans.

Le père avait un air anguleux, la tête plantée de travers entre deux épaules pointues. Son visage osseux était jaune, avec de gros yeux noirs enfoncés sous d'épais sourcils. Cet homme, dans sa mine lugubre, gardait un bon sourire timide; on eût dit un grand enfant de cinquante ans, se troublant, rougissant comme une fille. Il cherchait l'ombre, filait le long des murs avec l'humilité d'un forçat gracié.

Quelques saluts échangés m'en avaient fait un

Leben, die Jugend: das alles bleibt einem auch in der Ferne nah; und Paris bleibt unvergeßlich und unauslöschlich, und Paris wird nicht untergehen, nicht einmal für den im Schatten Versenkten, der seine Nächte beschaulich vor der heiteren Ewigkeit verbringt und das tiefe Staunen der Sterne in der Seele trägt.

Émile Zola: Mein Nachbar Jacques

I

Mit zwanzig hatte ich meine Bude in der Rue Gracieuse. Die Rue Gracieuse ist ein steiles Sträßchen, das von dem Hügel Saint-Victor hinunter zur Rückseite des Jardin des Plantes führt.

Über zwei Treppen – die Häuser hierzulande sind nicht hoch –, wobei ich mich an einem Seil festhalten mußte, um auf den ausgetretenen Stufen nicht auszurutschen, gelangte ich völlig im Dunkeln in meine Höhle. Das große, kalte Zimmer hatte die Nacktheit, das fahle Licht eines Kellerraumes. Und doch hatte ich Sonnenschein in diesem Dunkel, jedenfalls an den Tagen, da es mir gut ging.

Dann drang aus dem Bodenraum nebenan das Lachen eines Kindes zu mir herüber; dort wohnte eine ganze Familie: Vater, Mutter und ein sieben- oder achtjähriges Töchterchen.

Der Vater hatte etwas Kantiges, sein Kopf saß schief zwischen den spitzen Schultern. Sein knochiges Gesicht war gelb, und große dunkle Augen lagen tief unter buschigen Augenbrauen. Trotz seinem finsteren Aussehen hatte dieser Mann ein scheues Lächeln voller Güte; ein fünfzigjähriges Kind, das verlegen wird und errötet wie ein junges Mädchen. Er suchte den Schatten, drückte sich an den Wänden entlang mit der Demut eines begnadigten Häftlings.

Wir hatten uns ein paarmal gegrüßt, wir mochten uns

ami. Je me plaisais à cette face étrange, pleine d'une bonhomie inquiète. Peu à peu, nous en étions venus aux poignées de main.

II

Au bout de six mois, j'ignorais encore le métier qui faisait vivre mon voisin Jacques et sa famille. Il parlait peu. J'avais bien, par pur intérêt, questionné la femme à deux ou trois reprises; mais je n'avais pu tirer d'elle que des réponses évasives, balbutiées avec embarras.

Un jour – il avait plu la veille, et mon cœur était endolori –, comme je descendais le boulevard d'Enfer, je vis venir à moi un de ces parias du peuple ouvrier de Paris, un homme vêtu et coiffé de noir, cravaté de blanc, tenant sous le bras la bière étroite d'un enfant nouveau-né.

Il allait, la tête basse, portant son léger fardeau avec une insouciance rêveuse, poussant du pied les cailloux du chemin. La matinée était blanche. J'eus plaisir à cette tristesse qui passait. Au bruit de mes pas, l'homme leva la tête, puis la détourna vivement, mais trop tard: je l'avais reconnu. Mon voisin Jacques était croque-mort.

Je le regardai s'éloigner, honteux de sa honte. J'eus regret de ne pas avoir pris l'autre allée. Il s'en allait, la tête plus basse, se disant sans doute qu'il venait de perdre la poignée de main que nous échangions chaque soir.

III

Le lendemain, je le rencontrai dans l'escalier. Il se rangea peureusement contre le mur, se faisant petit, petit, ramenant avec humilité les plis de sa blouse, pour que la toile n'en touchât pas mon vêtement. Il était là, le front incliné, et j'apercevais sa pauvre tête grise tremblante d'émotion.

leiden. Ich mochte dieses merkwürdige Gesicht voll unruhiger Gutmütigkeit. Allmählich waren wir zum Handschlag übergegangen.

II

Ich wohnte schon ein halbes Jahr dort und wußte immer noch nicht den Beruf meines Nachbarn Jacques, wovon er seine Familie ernährte. Er war nicht gesprächig. Aus reiner Anteilnahme hatte ich zwei- oder dreimal seine Frau danach gefragt, hatte aber immer nur ausweichende, verlegen gestammelte Antworten aus ihr herausbekommen.

Eines Tages ging ich den Boulevard d'Enfer hinunter – tags zuvor hatte es geregnet und mir war das Herz schwer – und sah einen der Ausgestoßenen der Pariser Arbeiterbevölkerung auf mich zukommen, einen schwarz gekleideten Mann mit schwarzem Hut und weißer Krawatte, den schmalen Sarg eines Neugeborenen unterm Arm.

Zu Boden blickend, träumend und Steinchen mit dem Fuß vor sich herstoßend trug er seine leichte Last. Es war ein heller Morgen. Mir gefiel, wie die Traurigkeit so verging. Als der Mann meine Schritte hörte, hob er das Gesicht und wandte sich dann sofort ab, doch zu spät: ich hatte ihn erkannt. Mein Nachbar Jacques war Sargträger.

Meine Blicke folgten ihm, wie er sich entfernte, voller Scham über seine Scham. Ich bedauerte, nicht einen anderen Weg genommen zu haben. Er zog von dannen, und dachte dabei gewiß, daß er nun unseren allabendlichen Handschlag verloren hatte.

III

Am nächsten Tag begegnete ich ihm im Treppenhaus. Ängstlich schob er sich an der Wand entlang, machte sich ganz dünn, hielt seine Jacke mit der Hand zusammen, damit der Stoff mich nicht streifte. Da stand er, die Stirn gesenkt, und ich sah, wie sein armer grauer Kopf vor Rührung zitterte.

Je m'arrêtai, le regardant en face. Je lui tendis la main, toute large.

Il leva la tête, hésita, me regarda en face à son tour. Je vis ses gros yeux s'agiter et sa face jaune se tacher de rouge. Puis, me prenant le bras brusquement, il m'accompagna dans mon grenier, où il retrouva enfin la parole.

«Vous êtes un brave jeune homme, me dit-il; votre poignée de main vient de me faire oublier bien des regards mauvais.»

Et il s'assit, se confessant à moi. Il m'avoua qu'avant d'être de la partie, il se sentait, comme les autres, pris de malaise, lorsqu'il rencontrait un croque-mort. Mais, depuis ce temps, dans ses longues heures de marche, au milieu du silence des convois, il avait réfléchi à ces choses, il s'était étonné du dégoût et de la crainte qu'il soulevait sur son passage.

J'avais vingt ans alors, j'aurais embrassé un bourreau. Je me lançai dans des considérations philosophiques, voulant démontrer à mon voisin Jacques que sa besogne était sainte. Mais il haussa ses épaules pointues, se frotta les mains en silence, en reprenant de sa voix lente et embarrassée:

«Voyez-vous, monsieur, les cancans du quartier, les mauvais regards des passants, m'inquiètent peu, pourvu que ma femme et ma fille aient du pain. Une seule chose me taquine. Je n'en dors pas la nuit, quand j'y songe. Nous sommes, ma femme et moi, des vieux qui ne sentons plus la honte. Mais les jeunes filles, c'est ambitieux. Ma pauvre Marthe rougira de moi plus tard. À cinq ans, elle a vu un de mes collègues, et elle a tant pleuré, elle a eu si peur, que je n'ai pas encore osé mettre le manteau noir devant elle. Je m'habille et me déshabille dans l'escalier.»

J'eus pitié de mon voisin Jacques; je lui offris

Ich blieb stehen und sah ihm ins Gesicht. Dann gab ich ihm die Hand, in aller Ausführlichkeit.

Er hob den Kopf, zögerte, und sah nun mir ins Gesicht. Ich sah, wie seine großen Augen sich bewegten und sein fahles Gesicht rötliche Flecken bekam. Dann nahm er mich plötzlich bei der Hand und ging mit mir auf meinen Dachboden, wo er schließlich Worte fand.

«Sie sind ein wackerer junger Mann», sagte er, «Ihr Händedruck läßt mich viele unfreundliche Blicke vergessen.»

Er setzte sich und vertraute sich mir an. Er gestand, daß früher, als er noch nicht dabei war, ihm wie allen anderen unwohl wurde, wenn er einem Sargträger begegnete. Doch seither, während der langen Stunden zu Fuß, im Schweigen der Trauerzüge, hatte er darüber nachgedacht und wunderte sich über den Abscheu und die Angst, die er auslöste, wenn er des Weges kam.

Ich war zwanzig und hätte auch einen Henker umarmt. Ich holte zu philosophischen Betrachtungen aus und wollte meinem Nachbarn Jacques vor Augen führen, daß er einer heiligen Tätigkeit nachgehe. Doch er zog nur seine spitzen Schultern hoch, rieb sich die Hände und fuhr in seiner langsamen und befangenen Sprechweise fort:

«Schauen Sie, Monsieur, das Geschwätz hier im Viertel, die unfreundlichen Blicke der Leute auf der Straße machen mir wenig aus, Hauptsache, meine Frau und meine Tochter haben etwas zu beißen. Nur eines drückt mich, und ich kann nicht schlafen, wenn ich daran denke. Meine Frau und ich sind alt und kennen keine Scham mehr. Aber die jungen Mädchen, die wollen hoch hinaus. Meine arme Marthe wird sich später meiner schämen. Mit fünf sah sie einen meiner Kollegen, und sie mußte so sehr weinen, hatte solche Angst, daß ich es noch nicht gewagt habe, ihr in meinem schwarzen Mantel unter die Augen zu treten. Ich ziehe mich immer im Treppenhaus um.»

Mein Nachbar Jacques tat mir leid, und ich bot ihm an,

de déposer ses vêtements dans ma chambre, et d'y venir les mettre à son aise, à l'abri du froid. Il prit mille précautions pour transporter chez moi sa sinistre défroque. À partir de ce jour, je le vis régulièrement matin et soir. Il faisait sa toilette dans un coin de ma mansarde.

IV

J'avais un vieux coffre dont le bois s'émiettait, piqué par les vers. Mon voisin Jacques en fit sa garde-robe ; il en garnit le fond de journaux, il y plia délicatement ses vêtements noirs.

Parfois, la nuit, lorsqu'un cauchemar m'éveillait en sursaut, je jetai un regard effaré sur le vieux coffre, qui s'allongeait contre le mur, en forme de bière. Il me semblait en voir sortir le chapeau, le manteau noir, la cravate blanche.

Le chapeau roulait autour de mon lit, ronflant et sautant par petits bonds nerveux ; le manteau s'élargissait, et, agitant ses pans comme des grandes ailes noires, volait dans la chambre, ample et silencieux ; la cravate blanche s'allongeait, s'allongeait, puis se mettait à ramper doucement vers moi, la tête levée, la queue frétillante.

J'ouvrais les yeux démesurément, j'apercevais le vieux coffre immobile et sombre dans son coin.

V

Je vivais dans le rêve, à cette époque, rêve d'amour, rêve de tristesse aussi. Je me plaisais à mon cauchemar ; j'aimais mon voisin Jacques, parce qu'il vivait avec les morts, et qu'il m'apportait les âcres senteurs des cimetières. Il m'avait fait des confidences. J'écrivais les premières pages des *Mémoires d'un croque-mort*.

Le soir, mon voisin Jacques, avant de se déshabiller, s'asseyait sur le vieux coffre pour me

er könne seine Kleidung in meinem Zimmer ablegen und, wann immer er wolle, sich bei mir im Warmen umkleiden. Unter tausend Vorsichtsmaßnahmen schaffte er die düsteren Klamotten zu mir herüber. Seit diesem Tag sah ich ihn jeden Morgen und jeden Abend. In einer Ecke meiner Dachstube machte er sich fein.

IV

Ich hatte eine alte Truhe, deren wurmstichiges Holz schon bröckelte. Mein Nachbar Jacques machte sie zu seiner Garderobe: er legte den Boden mit Zeitungspapier aus und tat, sorgsam gefaltet, seine schwarzen Kleider hinein.

Wenn mich manchmal nachts ein Alptraum hochschrecken ließ, warf ich einen verstörten Blick auf die alte Truhe, die wie ein Sarg an der Wand stand. Und dann kam es mir vor, als erhöben sich daraus der Hut, der schwarze Mantel und die weiße Krawatte.

Der Hut rollte mit einem heiseren Geräusch und nervös hüpfend um mein Bett herum, der Mantel breitete seine Schöße aus wie große schwarze Schwingen und flog in weiten Bögen geräuschlos durchs Zimmer, und die weiße Krawatte wurde lang und länger und kam erhobenen Hauptes und mit dem Schwanz schlängelnd auf mich zu.

Ich riß die Augen weit auf und fand die alte Truhe unbewegt und düster in ihrer Ecke stehen.

V

Mein Leben war damals ein Tagtraum, ein Traum von Liebe, auch von Traurigkeit. Mein Alptraum gefiel mir; an meinem Nachbarn Jacques mochte ich, daß er mit den Toten lebte, und daß er mir den herben Duft des Friedhofs mitbrachte. Er hatte sich mir anvertraut. Ich schrieb die ersten Seiten der *Erinnerungen eines Sargträgers*.

Abends, bevor er sich umzog, setzte sich mein Nachbar Jacques auf die alte Truhe und erzählte mir von seinem

conter sa journée. Il aimait à parler de ses morts.
Tantôt, c'était une jeune fille – la pauvre enfant,
morte poitrinaire, ne pesait pas lourd; tantôt,
c'était un vieillard – ce vieillard, dont le cercueil
lui avait cassé le bras, était un gros fonctionnaire
qui devait avoir emporté son or dans ses poches.
Et j'avais des détails intimes sur chaque mort;
je connaissais leur poids, les bruits qui s'étaient
produits dans les bières, la façon dont il avait
fallu les descendre, aux coudes des escaliers.

Il arriva que mon voisin Jacques, certains soirs,
rentra plus bavard et plus épanoui. Il s'appuyait
aux murs, le manteau agrafé sur l'épaule, le chapeau rejeté en arrière. Il avait rencontré des héri-
tiers généreux qui lui avaient payé «les litres et
le morceau de brie de la consolation». Et il finis-
sait par s'attendrir; il me jurait de me porter en
terre, lorsque le moment serait venu, avec une
douceur de main tout amicale.

VI

Je vécus ainsi plus d'une année en pleine nécrolo-
gie.

Un matin mon voisin Jacques ne vint pas. Huit
jours après, il était mort.

Lorsque deux de ses collègues enlevèrent le
corps, j'étais sur le seuil de ma porte. Je les entendis plaisanter en descendant la bière, qui se
plaignait sourdement à chaque heurt.

L'un d'eux, un petit gras, disait à l'autre, un
grand maigre:

«Le croque-mort est croqué.»

Tag. Er sprach gerne von seinen Toten. Mal war es ein junges Mädchen – das arme Kind war an der Schwindsucht gestorben und wog nicht viel –, mal war es ein Alter, dessen Sarg ihm schier den Arm ausgerissen hatte, er war ein hoher Beamter gewesen, der wohl noch sein Gold in der Jackentasche bei sich trug. Und ich erfuhr persönliche Einzelheiten über jeden Toten; ich wußte ihr Gewicht, welche Geräusche im Sarg zu hören gewesen waren, und wie der Sarg auf den Treppen um die Kurve getragen werden mußte.

An manchen Abenden kam mein Nachbar Jacques gesprächiger und vergnügter als sonst nach Hause. Er lehnte sich an die Wand, den Mantel über der Schulter, den Hut im Nacken. Dann hatte er es mit großzügigen Erben zu tun gehabt, die ihm einen «Leichen-Schmaus und -Trunk» bezahlt hatten. Zu guter Letzt wurde er ganz weich, und dann versprach er mir, wenn die Stunde gekommen sein, würde, werde er mich mit Freundeshand besonders zart ins Grab legen.

VI

So lebte ich mehr als ein ganzes Jahr zwischen lauter Nachrufen.

Eines Morgens kam mein Nachbar Jacques nicht. Eine Woche später war er tot.

Als zwei seiner Kollegen die Leiche abholten, stand ich in der Tür meiner Wohnung. Ich hörte sie scherzen, während sie den Sarg hinunterschafften, der jedesmal dumpf klagte, wenn sie aneckten.

Der eine, ein kleiner Dicker, sagte zum anderen, einem langen Dünnen:

«Jetzt liegt der Sargträger im Sarg.»

Arthur Rimbaud:
L'Orgie parisienne ou Paris se repeuple

O lâches, la voilà ! Dégorgez dans les gares !
Le soleil essuya de ses poumons ardents
Les boulevards qu'un soir comblèrent les Barbares.
Voilà la Cité sainte, assisse à l'occident !

Allez ! on préviendra les reflux d'incendie,
Voilà les quais, voilà les boulevards, voilà
Les maisons sur l'azur léger qui s'irradie
Et qu'un soir la rougeur des bombes étoila !

Cachez les palais morts dans des niches de planches !
L'ancien jour effaré rafraîchit vos regards.
Voici le troupeau roux des tordeuses de hanches :
Soyez fous, vous serez drôles, étant hagards !

Tas de chiennes en rut mangeant des cataplasmes,
Le cri des maisons d'or vous réclame. Volez !
Mangez ! Voici la nuit de joie aux profonds spasmes
Qui descend dans la rue. O buveurs désolés,

Buvez ! Quand la lumière arrive intense et folle,
Fouillant à vos côtés les luxes ruisselants,
Vous n'allez pas baver, sans geste, sans parole,
Dans vos verres, les yeux perdus aux lointains blancs ?

Avalez, pour la Reine aux fesses cascadantes !
Écoutez l'action des stupides hoquets
Déchirants ! Écoutez sauter aux nuits ardentes
Les idiots râleux, vieillards, pantins, laquais !

O cœurs de saleté, bouches épouvantables,
Fonctionnez plus fort, bouches de puanteurs !
Un vin pour ces torpeurs ignobles, sur ces tables... 110
Vos ventres sont fondus de hontes, ô Vainqueurs ! 111

Arthur Rimbaud / Theodor Däubler:
Paris, da bist du!

Feiglinge, da seid ihr. Aus Bahnhöfen gespieen.
Die Sonne hat mit Glutenlungen die Boulevards,
Auf denen unlängst die Barbaren «Hurra» schrieen,
Gesäubert. Sitz des Westens! Stadt des Weltaltars.

So kommt! Man wird euch vor den Rückfallbränden sichern.
Da steht der Kai. Da die Boulevards. Und ringsum da
Im Glutazur die Häuser. Leises Windhauchkichern
Geschieht, wo abends, rot, Granatensturz geschah.

In Bretterwinkel steckt den Tod der Prunkgebäude.
Der letzte Schreckenstag erfrischte euern Blick.
Im Rothaar tanzt der Hüftendreherinnen Räude
An. Toll sollt ihr sein! Stachel picken ins Genick.

Du Haufen Brunst, du geile Hündinnen beim Lüstern,
Der Schrei der Häuser voll von Gold will dich zurück.
So steht, so freßt, zuckt auf, die Lust in Blick und Nüstern,
Entkrampft der Nacht des Fleisches letztes Feuerstück.

Dann zecht. Und kommt das Licht, ganz voll und toll, ein
Geflitters um die Wollust steht bei euch. Ihr müßt   [Haufen
Mit stierem Blick ins Glas erbrechen. Überlaufen,
Ohne Worte, euers Geifers ists. Die ihr küßt!

Der Göttin mit dem schäkernden Gesäß zu Ehren, [schlingt!
Verschlingt! So horcht: der Stumpfsinn des Geglucks! Ver-
Das rülpst. Die Stimmen werden Ächzer (Greise) mehren.
Die Dummköpfe; Gesindel, Schlingel. Schwirrt und singt!

Das Herz im Schmutz, voll Schrecklichkeit die Münder,
Verdaut noch schneller! Stinkmaul einen andern Wein?
Auf diesen Tisch! Wollt ihr: eingelullte Sünder?
Den Bauch hat Schande aufgeschwemmt. Siegerlein.

Ouvrez votre narine aux superbes nausées !
Trempez de poisons forts les cordes de vos cous !
Sur vos nuques d'enfants baissant ses mains croisées
Le Poète vous dit : «O lâches, soyez fous !

Parce que vous fouillez le ventre de la Femme,
Vous craignez d'elle encore une convulsion
Qui crie, asphyxiant votre nichée infâme
Sur sa poitrine, en une horrible pression.

Syphilitiques, fous, rois, pantins, ventriloques,
Qu'est-ce que ça peut faire à la putain Paris,
Vos âmes et vos corps, vos poisons et vos loques ?
Elle se secouera de vous, hargneux pourris !

Et quand vous serez bas, geignant sur vos entrailles,
Les flancs morts, réclamant votre argent, éperdus,
La rouge courtisane aux seins gros de batailles
Loin de votre stupeur tordra ses poings ardus !

Quand tes pieds ont dansé si fort dans les colères,
Paris ! quand tu reçus tant de coups de couteau,
Quand tu gis, retenant dans tes prunelles claires
Un peu de la bonté du fauve renouveau,

O cité douloureuse, ô cité quasi morte,
La tête et les deux seins jetés vers l'Avenir
Ouvrant sur ta pâleur ses milliards de portes,
Cité que le Passé sombre pourrait bénir :

Corps remagnétisé pour les énormes peines,
Tu rebois donc la vie effroyable ! tu sens
Sourdre le flux des vers livides en tes veines,
Et sur ton clair amour rôder les doigts glaçants !

Et ce n'est pas mauvais. Les vers, les vers livides
Ne gêneront pas plus ton souffle de Progrès
Que les Stryx n'éteignaient l'œil des Cariatides
Où des pleurs d'or astral tombaient des bleus degrés. »

Die Übersättigung umübelt eure Nasen.
Mit Gift beträufelt schräg die Sehnen im Genick. [Rasen!
Der Dichter kreuzt die Hände: Schwächling komm ins
Ihr spürt ihn auf dem Nacken: Wirbel ins Geschick!

Weil ihr im Bauch des Weibes wühlt, so packt euch Schrecken
Vor einem Schrei im Weib, wenn eure Brut erstickt,
Die schwachgeboren, zugedrosselt wird verrecken
Auf eines wilden Weibes Brust, im Kampf geknickt.

Luetiker, Verspieler, Gauklerpack, was schaden
Der Bauch, die Seele, Gift – Tabetiker – Paris,
Der Hure. Sie verschüttelt, streift euch ab. Entladen
Verzettelte ums Weib, zerstaubt ihr auf dem Kies.

Verkommene, so schreit! Verflaut sind die Gedärme,
Ihr flucht ums Geld. Der Ruf: «Zurück das Geld»! verhallt.
Die rote Hure kämpft darum. Es hält zur Wärme
Des Dirnenbusens. Weib, die Fäuste krampfgeballt!

Paris, wenn deine Füße wundgetanzt im Zorne,
Und du mit Messerstichen deinen Leib bespickst,
Daß du darniederliegst, erzuckt im Augenborne
Die Güte noch, daß du uns morgengelb beblickst.

Umschmerzte Stadt, beinah im Todeskampf entzügelnd,
Das Haupt, die Brüste in die Künftigkeit geschnellt,
Milliarden Türen deiner Bleichheit breit beflügelnd,
Gebenedeite für die schwarz vergangne Welt,

Ein wieder aufelektrisierter Leib fürs Leiden,
Nun kennst du doch das Schreckensleben, o du weißt,
Daß fade Maden, zuckend, durchs Geäder seiden;
Von Ekelfingern wird, was Liebe gibt, beeist.

Das ist nur gut. Die Würmer, schimmelweiße Würmer;
Was sollen sie? Dein Morgungsatmen bringt uns Welt.
Das Karyatidenauge löschte nie ein Türmer:
Geträne von astralem Gold hat es umwellt.

Quoique ce soit affreux de te revoir couverte
Ainsi ; quoiqu'on n'ait fait jamais d'une cité
Ulcère plus puant à la Nature verte,
Le Poète te dit : «Splendide est ta Beauté !»

L'orage te sacra suprême poésie ;
L'immense remuement des forces te secourt ;
Ton œuvre bout, la mort gronde, Cité choisie !
Amasse les strideurs au cœur du clairon sourd.

Le Poète prendra le sanglot des Infâmes,
La haine des Forçats, la clameur des Maudits ;
Et ses rayons d'amour flagelleront les Femmes.
Ses strophes bondiront : Voilà ! voilà ! bandits !

– Société, tout est rétabli : – les orgies
Pleurent leur ancien râle aux anciens lupanars :
Et les gaz en délire, aux murailles rougies,
Flambent sinistrement vers les azurs blafards !

Louise Michel: Les femmes de 70

Combien de choses tentèrent les femmes en 71 !
toutes, et partout ! Nous avions d'abord établi des
ambulances dans les forts, et comme nous avions
contre l'ordinaire usage trouvé la défense natio-
nale disposée à nous accueillir, nous commen-
cions déjà à croire les gouvernants bien disposés
pour le combat, lorsqu'ils envoyèrent également
dans les forts, une foule de jeunes gens absolument inutiles, ignorantins et petits crevés, qui
criaient leurs craintes tandis que les forts regar-
daient de vivre ; – les unes et les autres, nous
nous empressâmes de donner nos démissions,
cherchant à nous employer plus utilement ; – j'ai

Entsetzlich, dieser Wiederfund! unter Geschwüren
Die Stadt. Geschwulst im Tälergrün. Gestank.
Der Dichter aber sagt mit wundergläubgen Schwüren:
Du bist die Stadt der Schönheit: wundersam und schlank.

Von Sturm ward deiner Dichtung Flug umkundet.
Der Mächte runder Wirbelbund hat dich gestützt.
Dein Werk ist Sieden: Meer, Gebrülle! Unverwundet
Erhebst du die Trompete. Heilig unverpfützt.

Dem Dichter entatmen die Seufzer Verruchter,
Der Sträflinge Haß, o, der Schrei urempört!
Mit Bündeln erstrahlender Liebe versucht er
Zu geißeln; das Weib. O Banditen: nun hört!

Gesellschaft, du bleibst. In gefüllten Bordellen
Beheulen sich wieder die Orgien von einst.
Der Gasflammenwitz, ein rotes Ergrellen,
In dem Du, Blauflackern, unheimlich erscheinst.

Louise Michel: Die Siebziger-Frauen

Was versuchten die Frauen 1871 nicht alles! Alle, wo man
auch hinsah! Zuerst einmal hatten wir in den Forts ärzt-
liche Ambulanzen eingerichtet, und als wir gemerkt hatten, daß entgegen dem Üblichen die Landesverteidigung
geneigt war, uns aufzunehmen, begannen wir schon zu
glauben, die Regierenden kämpften auf unserer Seite;
doch dann schickte man in ebendiese Forts eine Unzahl
von völlig unbrauchbaren, ahnungslosen jungen Leuten,
kleinen Gescheiterten, die vor Angst schrien, während
die Starken zusahen, wo sie blieben; – und nun be-
eilten wir uns, eine nach der anderen, unsere Kündi-
gung einzureichen, in der Hoffnung, uns woanders besser
nützlich machen zu können; – voriges Jahr habe ich so

retrouvé l'an dernier l'une de ces braves ambulancières, madame Gaspard.

Les ambulances, les comités de vigilance, les ateliers des mairies, où, surtout à Montmartre, mesdames Poirier, Escoffon, Blin, Jarry trouvaient moyen que toutes eussent un salaire également rétribué.

La marmite révolutionnaire où pendant tout le siège madame Lemel, de la chambre syndicale des relieurs, empêcha je ne sais comment tant de gens de mourir de faim, fut un véritable tour de force de dévouement et d'intelligence.

Les femmes ne se demandaient pas si une chose était possible, mais si elle était utile, alors on réussissait à l'accomplir.

Un jour il fut décidé, que Montmartre n'avait pas assez d'ambulances, alors avec une amie de la société d'instruction élémentaire toute jeune à cette époque, nous résolûmes de la fonder. C'était Jeanne A., depuis madame B.

Il n'y avait pas un sou, mais nous avions une idée pour faire les fonds.

Nous emmenons avec nous un garde national, de haute taille, à la physionomie d'une gravure de 93, – marchant devant la baïonnette au fusil. Nous, avec de larges ceintures rouges, tenant à la main des bourses faites pour la circonstance, nous partons tous les trois, chez les gens riches, avec des visages sombres. – Nous commençons par les églises, le garde national marchant dans l'allée en frappant son fusil sur les dalles ; nous, prenant chacune un côté de la nef, nous quêtons en commençant par les prêtres à l'autel.

A leur tour les dévotes, pâles d'épouvante, versaient en tremblant leur monnaie dans nos aumônières – quelques-uns d'assez bonne grâce, tous les curés donnaient ; puis ce fut le tour de quelques financiers juifs ou chrétiens, puis des

eine wackere Ambulanzlerin wiedergetroffen: Madame Gaspard.

In den Ambulanzen, in den Sozialstationen, in den städtischen Werkstätten, wo, vor allem in Montmartre, Frau Poirier, Frau Escoffon, Frau Blin und Frau Jarry Mittel und Wege fanden, daß alle in den Genuß des gleichen Gehalts kamen.

Die Revolutionsküche, wo Madame Lemel von der Buchbinderinnung während der ganzen Besatzungszeit viele Leute vor dem Hungertod bewahrte – ich weiß nicht, wie – war ein wahrer Kraftakt an Hingabe und Findigkeit.

Die Frauen fragten sich nicht, ob eine Sache möglich, sondern ob sie sinnvoll war; und dann gelang sie ihnen auch.

Eines Tages wurde festgestellt, daß es in Montmartre nicht genügend Ambulanzen gab; also beschlossen wir mit einer Freundin vom damals ganz neuen Verein für Volksbildung, unsere eigene zu gründen. Das war Jeanne A., später verheiratete B.

Wir hatten keinen Pfennig, aber wir hatten eine Idee, wie wir an die Mittel kommen konnten.

Wir nehmen einen von der Nationalgarde mit, einen großen, mit einem Gesicht wie aus einem Kupferstich von anno 93, – mit aufgepflanztem Bajonett geht er voraus. Wir drei ziehen mit entschlossener Miene los, zu den reichen Leuten; wir tragen breite rote Schärpen und eigens für diese Gelegenheit angefertigte Beutel. – Wir fangen mit den Kirchen an, der Mann von der Nationalgarde marschiert durchs Mittelschiff und stößt mit dem Gewehr auf die Bodenplatten; wir nehmen uns jede ein Seitenschiff vor und betteln, angefangen bei den Priestern am Altar.

Schreckensbleich und mit zitternder Hand taten die Frommen ihre Münzen in unsere Beutel – manche ziemlich großzügig; die Priester gaben alle etwas. Dann waren ein paar jüdische und christliche Bankleute dran, dann wohlgesonnene Bürger, und ein Apotheker von Mont-

braves gens, un pharmacien de la Butte offrit le matériel. L'ambulance était fondée.

On rit beaucoup, à la mairie de Montmartre, de cette expédition que nul n'eût encouragée, si nous en eussions fait confidence avant la réussite.

Le jour où mesdames Poirier, Blin, Excoffons vinrent me trouver à ma classe pour commencer le comité de vigilance des femmes m'est resté présent.

C'était le soir, après la classe, elles étaient assises contre le mur, Excoffons ébouriffée avec ses cheveux blonds, la mère Blin déjà vieille avec une capeline de tricot; madame Poirier ayant un capuchon d'indienne rouge; sans compliments, sans hésitation elles me dirent simplement: – Il faut que vous veniez avec nous, et je leur répondis: – J'y vais.

Il y avait en ce moment à ma classe presque deux cents élèves, des fillettes de six à douze ans que nous instruisions ma sous-maîtresse et moi, et de tout petits enfants de trois à six ans, garçons et filles dont ma mère s'était chargée et qu'elle gâtait beaucoup. Les grandes de ma classe l'aidaient, tantôt l'une, tantôt l'autre.

Les petits, dont les parents étaient des gens de la campagne réfugiés à Paris, avaient été envoyés par Clemenceau; la mairie s'était chargée de leur nourriture, ils avaient du lait, du cheval, des légumes et très souvent quelques friandises.

Un jour que le lait tardait, les plus jeunes peu habitués à attendre se mirent à pleurer, ma mère en les consolant, pleurait avec eux. Je ne sais comment je m'avisai, pour les faire attendre avec plus de patience, de les menacer, s'ils ne se taisaient pas, de les envoyer chez Trochu.

Aussitôt ils crièrent avec effroi: – Mademoiselle, nous serons bien sages, ne nous envoyez pas chez Trochu!

martre stiftete Material. Und schon war die Ambulanz gegründet.

Auf dem Rathaus von Montmartre mußten wir nicht schlecht lachen über diese Unternehmung, die keiner unterstützt hätte, dem wir vor ihrem Gelingen davon erzählt hätten.

Mir ist der Tag in Erinnerung geblieben, als die Poirier, die Blin und die Excoffons mich in meinem Klassenzimmer aufsuchten, um die Frauen-Sozialstation ins Leben zu rufen.

Es war Abend, nach dem Unterricht; sie saßen an der Wand, die Excoffons ganz wild mit ihrem blonden Haar, Mutter Blin schon älter mit einem gestrickten Schultertuch, die Poirier mit einer roten Inder-Pelerine; ohne umständliche Begrüßung, ohne Umschweife sagten sie nur: «Sie müssen mit uns gehen», und ich erwiderte: «Ich komme.»

Ich hatte damals fast zweihundert Kinder in meiner Klasse, Mädchen zwischen sechs und zwölf, die ich zusammen mit meiner Assistentin unterrichtete, und ganz kleine Drei- bis Sechsjährige, Jungen und Mädchen, derer sich meine Mutter angenommen hatte und die sie sehr verwöhnte. Die Großen aus meiner Klasse halfen ihr abwechselnd.

Die Kleinen, deren Eltern Leute vom Land waren, die sich nach Paris geflüchtet hatten, hatte uns Clemenceau geschickt; das Rathaus kam für ihre Nahrung auf: sie hatten Milch, Pferdefleisch, Gemüse und oft auch Süßigkeiten.

Als einmal die Milch auf sich warten ließ, fingen die Jüngsten, wenig ans Warten gewöhnt, zu weinen an, und meine Mutter, die sie trösten wollte, weinte mit ihnen. Ich weiß nicht, wie ich, um sie zum geduldigeren Warten zu bringen, auf den Gedanken kam, ihnen zu drohen, ich würde sie zu General Trochu schicken, wenn sie nicht still wären.

Da schrien sie entsetzt: «Mademoiselle, wir wollen auch ganz brav sein, schicken Sie uns bloß nicht zu Trochu!»

Ces cris et la patience avec laquelle ils attendirent me donnèrent l'idée qu'ils entendaient chez eux tenir en médiocre estime le gouvernement de Paris.

On a souvent parlé des jalousies entre institutrices, je ne les ai pas éprouvées ; avant la guerre nous faisions des échanges de leçons avec ma plus proche voisine, mademoiselle Potin, donnant les leçons de dessin chez moi, et moi les leçons de musique chez elle, conduisant tantôt l'une tantôt l'autre, nos plus grandes élèves aux cours de la rue Hautefeuille. Pendant le siège elle fit ma classe, lorsque j'étais en prison.

Charles Baudelaire: Le Cygne   *A Victor Hugo*

I

Andromaque, je pense à vous ! Ce petit fleuve,
Pauvre et triste miroir où jadis resplendit
L'immense majesté de vos douleurs de veuve,
Ce Simoïs menteur qui par vos pleurs grandit,

A fécondé soudain ma mémoire fertile,
Comme je traversais le nouveau Carrousel.
Le vieux Paris n'est plus (la forme d'une ville
Change plus vite, hélas ! que le cœur d'un mortel) ;

Je ne vois qu'en esprit tout ce camp de baraques,
Ces tas de chapiteaux ébauchés et de fûts,
Les herbes, les gros blocs verdis par l'eau des flaques,
Et, brillant aux carreaux, le bric-à-brac confus.

Là s'étalait jadis une ménagerie ;
Là je vis, un matin, à l'heure où sous les cieux
Froids et clairs le Travail s'éveille, où la voirie
Pousse un sombre ouragan dans l'air silencieux,

Diese Rufe und die Geduld, mit der sie dann warteten, brachten mich auf den Gedanken, daß bei ihnen zu Hause die Pariser Regierung nicht allzu hoch geschätzt sein konnte.

Oft hat man von den Eifersüchteleien zwischen Volksschullehrerinnen gehört, ich habe sie nicht erlebt; vor dem Krieg tauschte ich Stunden mit meiner nächsten Nachbarin, Mademoiselle Potin: sie gab bei mir Zeichenunterricht, und ich hielt bei ihr Musikstunden. Abwechselnd brachten wir unsere größeren Schülerinnen zum Unterricht in die Rue Hautefeuille. Während der Besatzung übernahm sie meine Klasse, als ich im Gefängnis war.

Charles Baudelaire / Walter Benjamin: Der Schwan

I

Ich denke dein, Andromache! Der Bach
Der trübe seichte Spiegel welcher einst
Dich aufnahm und dein hohes Ungemach
Simois, der nur strömte wenn du weinst

Ist plötzlich in mein Sinnen eingedrungen
Beim Gange übers Neue Carrousel.
Die Altstadt ist dahin – wenn Neuerungen
Uns wandeln sinken Städte doppelt schnell.

Ich sehe jenen Platz mit den Baracken
Den Torsi und Pilastern noch im Geist
Wo zwischen Blöcken und bemoosten Schlacken
Ein feiler Trödel in den Fenstern gleißt.

Dort war ein Tierpark aufgebaut gewesen
Wo einst im frühen Froste wenn im Freien
Die Tagfron aufsteht und ein Heer von Besen
Die Schwärze des Orkans der Luft verleihen

Un cygne qui s'était évadé de sa cage,
Et, de ses pieds palmés frottant le pavé sec,
Sur le sol raboteux traînait son blanc plumage.
Près d'un ruisseau sans eau la bête ouvrant le bec

Baignait nerveusement ses ailes dans la poudre,
Et disait, le cœur plein de son beau lac natal :
«Eau, quand donc pleuvras-tu? quand tonneras-tu foudre?»
Je vois ce malheureux, mythe étrange et fatal,

Vers le ciel quelquefois, comme l'homme d'Ovide,
Vers le ciel ironique et cruellement bleu,
Sur son cou convulsif tendant sa tête avide,
Comme s'il adressait des reproches à Dieu !

II

Paris change ! mais rien dans ma mélancolie
N'a bougé ! palais neufs, échafaudages, blocs,
Vieux faubourgs, tout pour moi devient allégorie,
Et mes chers souvenirs sont plus lourds que des rocs.

Aussi devant ce Louvre une image m'opprime :
Je pense à mon grand cygne, avec ses gestes fous,
Comme les exilés, ridicule et sublime,
Et rongé d'un désir sans trêve ! et puis à vous,

Andromaque, des bras d'un grand époux tombée,
Vil bétail, sous la main du superbe Pyrrhus,
Auprès d'un tombeau vide en extase courbée ;
Veuve d'Hector, hélas ! et femme d'Hélénus !

Je pense à la négresse, amaigrie et phtisique,
Piétinant dans la boue, et cherchant, l'œil hagard
Les cocotiers absents de la superbe Afrique
Derrière la muraille immense du brouillard ;

A quiconque a perdu ce qui ne se retrouve
Jamais, jamais ! à ceux qui s'abreuvent de pleurs

Vor seinem Käfig einen Schwan ich fand
Der seinen Schwimmfuß übers Pflaster zog
Und seinen weißen Fittich durch den Sand;
Als dann der trockne Bach den Durstigen trog

Wälzt er im Staub sein zuckendes Gefieder
Und sprach erfüllt vom Bild der Heimatseen:
«Wann wirst du fallen, Naß? Wann, Blitz, fährst du
Ich sah den Armen – mythisches Geschehn – | hernieder?»

Gen Himmel oft wie bei Ovidius der Verbannte
Gen Himmel dessen Bläue grausam loht
Den Kopf so recken daß sein Hals sich spannte
Als sende seinen Vorwurf er zu Gott.

II

Paris wird anders, aber die bleibt gleich
Melancholie. Die neue Stadt die alte
Mir wirds ein allegorischer Bereich
Und mein Erinnern wuchtet wie Basalte.

Selbst hier vorm Louvre liegt es schwer auf mir
Ich denk an meinen Schwan, wie er entwich
So lächerlich so groß wie dieses Tier
Verzehren sich Verbannte – und an dich

Andromache die dem Gemahl entglitten
Die unter Pyrrhus feil ward zum Genuß
Die überm leeren Sarkophag gelitten
Und Hektors war und ward des Helenus.

Ich denk der Schwarzen die von Sucht verzehrt
Im Schlamm sich quält und mit verstörten Blicken
Die Zauberpalmen Afrikas entbehrt
Vor denen zähe Nebel sich verdicken;

Und aller derer welche ein Verlust
Unheilbar kränkte, all der Tränenreichen

Et tettent la Douleur comme une bonne louve !
Aux maigres orphelins séchant comme des fleurs !

Ainsi dans la forêt où mon esprit s'exile
Un vieux Souvenir sonne à plein souffle du cor !
Je pense aux matelots oubliés dans une île,
Aux captifs, aux vaincus ! . . . à bien d'autres encor !

Honoré de Balzac : Le Dôme des Invalides. Hallucination

Ce fut par une belle journée du mois de juin,
entre quatre et cinq heures, que je quittai la cellule de la rue du Bac où mon honorable et stu-
dieux ami, le baron de Werther, m'avait donné le
déjeuner le plus délicat dont il puisse être fait
mention dans les chastes et sobres annales de
mon estomac ; car l'estomac a sa littérature, sa
mémoire, son éducation, son éloquence ; l'estomac est un homme dans l'homme ; et jamais je
n'éprouvai si curieusement l'influence exercée par
cet organe sur mon économie mentale.

Après nous avoir gracieusement régalés de
vins du Rhin et de Hongrie, il avait par politesse
terminé le repas amical en faisant servir du vin
de Champagne. – Jusque-là, son hospitalité se
serait trouvée vulgaire, sans sa causerie artiste,
sans ses récits fantastiques, et surtout sans nous
autres, nous ses amis, tous gens d'entraînement,
de cœur et de passion.

Nous nous trouvâmes, vers la fin du déjeuner,
livrés tous à une mélancolie douce, et plongés
dans une absorption assez naturelle aux gens qui
ont bien mangé.

Voyant cela, le baron, cet excellent critique, cet
Allemand érudit, qui, malgré sa baronnie, mène

(Die Wölfin ‹Jammer› nahm sie an die Brust)
Der Waisen deren Blumenhäupter bleichen.

Durch meinen Wald die Ruh des Ruhelosen
Hör ich wie Hornruf ein Erinnern wandern
Ich denk im Riff vergessener Matrosen
Gefangener Besiegter... vieler andern.

Honoré de Balzac: Der Invalidendom. Halluzination

An einem schönen Junitag, zwischen vier und fünf,
verließ ich die Klause in der Rue du Bac, wo mir mein
ehrbarer und eifriger Freund Freiherr von Werther das
feinste Mahl aufgetischt hatte, dessen in dem keuschen und nüchternen Logbuch meines Magens je Erwäh-
nung getan werden wird – der Magen hat ja seine eigene
Poesie, sein eigenes Gedächtnis, seine eigene Bildung, seine eigene Beredsamkeit, der Magen ist ein Mensch im
Menschen – und wie sonst nie empfand ich, welch wunder-
same Macht dieses Organ auf meinen Seelenhaushalt aus-
übte.

Erst hatte er uns großzügig mit Wein aus Ungarn und
vom Rhein gelabt, und zum Abschluß des Freundesmah-
les ließ er zuvorkommend Champagner kredenzen. –
Seine Gastfreundschaft hätte ordinär gewirkt, wäre nicht
sein kunstreiches Plaudern gewesen, seine unglaublichen
Erzählungen, und vor allem: wären nicht wir anderen
gewesen, wir, seine Freunde, lauter gewandte, beherzte,
feurige Leute.

Gegen Ende der Mahlzeit fielen wir in die nach einem
guten Essen ganz natürliche Trägheit und gaben uns sü-
ßer Melancholie hin.

Als er das merkte, krönte der Freiherr, dieser gebildete
Deutsche mit seinem scharfen Witz, der ungeachtet seines
Adels in einer Abtszelle das wunderbare, idyllische Leben

l'admirable et poétique vie des moines du XVIᵉ siècle devant un paysage monacal, dans une cellule abbatiale ; notre moine, dis-je, couronna son œuvre de gastrolâtrie par un vrai tour de moine.

Au moment où la conversation s'arrêta, quand nous fûmes tous sur des fauteuils inventés par le confort anglais et perfectionnés à Paris, qui eussent fait l'admiration des bénédictins, Werther s'assit à une petite table, et, levant une partie du couvercle, il tira, d'un instrument allemand, des sons qui tiennent un juste milieu entre les accents lugubres d'un chat implorant une chatte ou rêvant des joies de la gouttière, et les notes d'un orgue vibrant dans une église. — Je ne sais ce qu'il fit de ce terrible appareil de mélancolie, mais jamais mon intelligence ne fut plus cruellement bouleversée. Le souffle de l'air, dirigé sur des métaux, produisait des vibrations harmoniques si fortes, si graves, si perçantes, que chaque note attaquait immédiatement une fibre, et cette musique de vert-de-gris, ces mélodies pleines d'arsenic, introduisirent violemment dans mon âme toutes les rêveries de Jean-Paul, toutes les ballades allemandes, toute une poésie fantastique et douloureuse qui me mit en fuite, moi gai, moi jovial, mais souffrant, mais agité. Je me trouvais comme dédoublé. Mon être intérieur avait quitté cette forme extérieure pour laquelle une ou deux femmes, ma famille et moi, nous témoignions assez d'amitié. — L'air n'était plus de l'air ; mes jambes n'étaient plus des jambes ; c'était une nature molle et sans consistance qui pliait, et les pavés s'enfonçaient, les passants dansaient, et je trouvais Paris singulièrement gai.

Je pris par la rue de Babylone, et je marchai mélancoliquement vers les boulevards, en prenant le Dôme des Invalides pour mon orient. — Au détour de je ne sais quelle rue, je vis le Dôme venir à moi !... Dans le premier moment, je fus

der Mönche vor Mönchslandschaft auf den Bildern des 16. Jahrhunderts führt – krönte, wollte ich sagen, unser Mönch seinen Magendienst mit einer richtigen Mönchsposse.

In dem Augenblick, da das Gespräch stockte – wir hingen in Sesseln, die von englischer Bequemlichkeit erdacht und in Paris vervollkommnet waren und denen die Bewunderung der Benediktiner gewiß gewesen wäre –, setzte sich Werther an ein Tischchen, klappte einen Teil des Deckels hoch und entlockte einem deutschen Instrument Töne, die genau die Mitte hielten zwischen dem düsteren Jammern, wenn der Kater die Kätzin anfleht oder von den Wonnen der Dachtraufe träumt, und den Tönen einer Orgel, die in einer Kirche erzittert. – Wie er das mit dem schrecklichen Melancholie-Apparat machte, weiß ich nicht, aber nie zuvor war mir der Verstand so grausam durcheinandergebracht worden. Der Luftstrom wurde über Metallstäbe geleitet und erzeugte harmonische Schwingungen, so stark, so tief, so durchdringend, daß sich mir jeder Ton sofort auf eine Faser setzte; und diese Grünspan-Musik, diese Arsen-Weisen trieben mir mit Macht die ganzen Träume von Jean Paul in die Seele, die deutschen Balladen, eine ganze phantastische und schmerzende Poesie, die mich aufhetzte, lustig und heiter wie ich war, aber auch leidend und bewegt. Ich fühlte mich wie gespalten. Mein inneres Wesen hatte die äußere Form verlassen, um derentwillen eine oder zwei Frauen, meine Familie und ich einander viel Freundschaft bekundet hatten. – Die Luft war keine Luft mehr; meine Beine waren keine Beine mehr, sondern etwas Weiches ohne Gestalt, das zusammenknickte; das Pflaster grub sich hinein, die Passanten tanzten, und ich fand Paris ganz lustig.

Ich schlug die Rue de Babylone ein und ging – in tiefe Melancholie versunken – zu den Boulevards, wobei ich mich am Invalidendom orientierte. – An irgendeiner Straßenbiegung sah ich den Dom plötzlich auf mich zukommen! ... Im ersten Augenblick war ich etwas über-

un peu surpris et je m'arrêtai. – C'était bien le Dôme des Invalides, il se promenait sur sa pointe, et se mettait au soleil comme un bon bourgeois du Marais. Je pris d'abord cette vision pour un effet d'optique et j'en jouis avec délices, sans vouloir m'expliquer le phénomène ; mais j'eus une sensation de frayeur, quand, en le voyant s'avancer, il voulut me marcher sur les talons... Je me mis à courir, mais j'entendais derrière moi le pas lourd de ce coquin de Dôme, qui avait l'air de se moquer de moi. Ses yeux riaient ; en effet, le soleil, passant à travers les ouvertures qui y sont pratiquées de distance en distance, leur donnait une vague apparence, avec des yeux, et le Dôme me jetait de véritables regards...

– Je suis bien bête, pensais-je, je vais aller derrière lui !...

Je le laissai passer, et alors il se remit la pointe en l'air.

Dans cette situation, il me fit un signe de tête, et sa maudite robe bleu et or se plissa comme la jupe d'une femme...

Alors, je fis quelques pas en arrière pour le planter là ; car je commençai à être extrêmement inquiet. Certes, les journaux, le lendemain, n'allaient pas manquer de raconter que moi, l'auteur de quelques articles insérés dans la *Revue*, j'avais emporté le Dôme des Invalides ; mais cela m'était assez indifférent, parce que je comptais bien réclamer, et raconter naïvement que le Dôme m'avait pris en amitié, m'avait suivi de son propre mouvement. Mon caractère bien connu, mes habitudes et mes mœurs, devaient faire supposer que, loin de dégrader les monuments publics, je plaiderais plutôt pour leur conservation.

La difficulté la plus grande, et qui m'embarrassait le plus, entre toutes les autres, était de savoir ce que j'allais faire de ce Dôme. Certes, il y avait

rascht und blieb stehen. – Es war tatsächlich der Invalidendom, er spazierte auf seiner Spitze daher und nahm ein Sonnenbad wie ein guter Bürger aus dem Marais. Zuerst hielt ich dieses Schauspiel für eine optische Täuschung und genoß es in vollen Zügen, ohne nach einer Erklärung für die Erscheinung zu suchen; eine Anwandlung von Angst bekam ich erst, als ich merkte, daß er mir auf den Fersen war . . . Ich begann zu laufen, aber hinter mir hörte ich den schweren Schritt des verrückt gewordenen Doms, der sich über mich lustig zu machen schien. Seine Augen lachten; tatsächlich gab ihnen die Sonne, die durch die gleichmäßig aufeinanderfolgenden Öffnungen schien, eine gewisse Ähnlichkeit mit Augen, und der Dom warf regelrecht Blicke auf mich . . .

«Schön dumm bin ich», dachte ich bei mir, «jetzt werde ich hinter ihm gehen! . . .»

Ich ließ ihn vorbei, und da drehte er sich um, die Spitze wieder nach oben.

In dieser Stellung nickte er mir zu, und sein verdammtes blau-goldenes Kleid fiel in Falten wie ein Frauenrock . . .

Ich war nun allmählich einigermaßen beunruhigt und trat ein paar Schritte zurück, um ihn aufzuhalten. Gewiß, die Zeitungen von morgen würden es sich nicht nehmen lassen, zu berichten, ich, der Autor einiger Artikel in der *Revue*, hätte den Invalidendom entfernt; aber das war mir jetzt ziemlich gleichgültig; ich würde darauf ganz unbefangen reagieren und behaupten, der Dom habe mich ins Herz geschlossen und sei mir aus freien Stücken gefolgt. Meine weithin bekannte Art, meine Gewohnheiten, mein Charakter würden die Leute zu der Annahme bringen, es sei nicht meine Art, öffentliche Denkmäler zu beschädigen, eher schon spräche ich für deren Erhaltung.

Die größte Schwierigkeit, die mir unter all den anderen am meisten zusetzte, war die Frage, was ich mit dem Dom anfangen sollte. Gewiß ließe sich ein Vermögen damit

une fortune immense à gagner. Outre que l'amitié du Dôme des Invalides pour un homme n'avait rien que de très flatteur, je pouvais l'emmener en pays étranger, le montrer à Londres auprès de Saint-Paul; mais, s'il allait me suivre ainsi, comment rentrer chez moi?... Où le mettre? – Naturellement, il allait faire des dégâts considérables par les rues où il passerait; mais je pouvais l'emmener par les quais et le tenir du côté de la rivière. En criant gare, chacun se rangerait; mais son contact, s'il voulait entrer chez moi, renverserait la maison où je loge. Quelle indemnité le propriétaire ne me demanderait-il pas! Sa maison n'est pas assurée contre les dômes. Puis, si je l'emmenais à Londres ou à Berlin, que de dégâts sur la route, car il n'avait pas la voie...

– Dieu! comme les Invalides sont drôles sans le Dôme!... m'écriai-je.

A ces mots, quelques personnes qui se trouvaient là levèrent les yeux sur l'église, et se mirent à rire.

Quelques-uns dirent:

– Mais qu'est-il donc devenu?

– Je suis sûr que tout Paris est en rumeur!...

Alors, j'entendis un brouhaha, des clameurs à faire croire que la fin du monde approchait.

– Allons, les voilà qui crient après leur Dôme!... me dis-je.

Ils avaient bien raison, le Dôme des Invalides est un des plus beaux monuments de Paris; et, depuis que, par une fantaisie assez rare chez les dômes, il était devenu ma propriété, je l'admirais avec ravissement. Il brillait sous les rayons du soleil comme s'il eût été couvert de pierreries; son azur se directait vivement sur celui du ciel, et sa lanterne si gracieuse, si merveilleusement élégante et légère, semblait m'offrir des beautés que je n'avais pas encore remarquées. Il avait bien

verdienen. Abgesehen davon, daß die Freundschaft des Invalidendoms zu einem Mann recht schmeichelhaft war, würde ich ihn mit ins Ausland nehmen und zum Beispiel in London neben St. Paul's Cathedral ausstellen können; aber wie sollte ich je nach Hause gehen, wenn er mir weiter so folgte? ... Wohin mit ihm? – In den Straßen, durch die er ginge, würde er ja beträchtliche Schäden anrichten, aber ich könnte ihn über die Quais lotsen, ihn möglichst nahe an der Seine halten. Alle würden Platz machen, wenn ich «Vorsicht bitte» riefe, aber wenn er mich zu Hause besuchen wollte, würde er mit der bloßen Berührung das ganze Haus zum Einsturz bringen. Der Eigentümer würde eine riesige Entschädigung von mir fordern! Sein Haus ist nicht gegen Domschäden versichert. Dann würde ich mit ihm nach London oder nach Berlin gehen – aber was für Straßenschäden, denn es gab keine eigene Fahrbahn ...

«Gott! Wie lustig die Invaliden ohne Dom aussehen! ...» entfuhr es mir.

Bei diesen Worten hoben ein paar Passanten die Augen zu der Kirche und begannen zu lachen.

Man hörte sie sagen:

«Was ist denn aus ihm geworden?»

«Ich bin sicher, ganz Paris ist in Aufruhr! ...»

Dann hörte ich Stimmengewirr und Geschrei, das man für Weltuntergangsgeschrei hätte halten können.

«Da sind sie ja, sie rufen hinter ihrem Dom her! ...», dachte ich bei mir.

Recht hatten sie, denn der Invalidendom ist eines der schönsten Bauwerke von Paris; und seit er durch eine bei Domen selten anzutreffende Laune mein Eigentum geworden war, bewunderte ich ihn voller Begeisterung. Er funkelte im Sonnenlicht, als trüge er Edelsteingeschmeide; sein Blau ging in das Blau des Himmels über, und seine ach so zierliche, so wunderbar elegante und leichte Glaskuppel führte mir Schönheiten vor Augen, die ich nie zuvor beachtet hatte. Gewiß hatte er auch ein paar verblaßte Stellen, wo das Gold abgeblättert war und das

quelques endroits fanés et dédorés où le plomb reparaissait ; mais je n'étais pas assez riche pour leur restituer leur éclat impérial.

J'ai vu, dans les environs de Nemours, un paysan qui a la singulière puissance de fasciner les abeilles, et de s'en faire suivre sans qu'elles le piquent. Il est leur roi ; il les siffle, elles viennent. — Il leur dit de s'en aller, elles décampent. — Peut-être étais-je arrivé dans ma vie à un développement moral, à un pouvoir surnaturel, et peut-être avais-je le pouvoir d'attirer les Dômes.

Alors, je pensais, dans l'intérêt de la France, à remettre celui-ci à sa place et à voyager en Europe afin de ramener à Paris plusieurs Dômes célèbres, ceux d'Orient, ceux d'Italie, et les plus belles tours de cathédrales... Quelle gloire !... qu'étaient les Paganini, les Rossini, les Cuvier, les Canova, les Goethe, auprès de moi ! — J'avais déjà dans mon pouvoir la foi la plus immense, cette foi dont le Christ a parlé, cette volonté sans bornes avec laquelle on transporte les montagnes, cette puissance à l'aide de laquelle nous pouvons abolir les lois de l'espace et du temps, lorsque je vis venir au plus grand trot que puissent avoir les chevaux de *régie*, un cabriolet qui déboucha par la rue Saint-Dominique.

— Prenez garde au Dôme !... criai-je.

Le conducteur ne m'entendit pas : il poussa son cheval dans le beau milieu du Dôme ; je jetai un grand cri, car le pauvre Dôme, n'ayant pas pu se ranger, se brisa en mille pièces ; je fus horriblement éclaboussé. Puis, quand le damné cabriolet eut passé, je vis le dôme têtu se remettre sur sa pointe par petites secousses ; le pierres s'ajustaient, les belles rayures d'or reparaissaient insensiblement, et je m'essuyai la figure machinalement ; car en ce moment mon être extérieur revint, et je me trouvai près des Invalides, devant

Blei zum Vorschein kam, aber ich war nicht reich genug, um ihnen ihren majestätischen Glanz je wieder geben zu können.

In der Gegend von Nemours habe ich einmal einen Bauern gesehen, der die einzigartige Fähigkeit hatte, Bienen zu hypnotisieren, so daß sie ihm folgen, ohne ihn zu stechen. Er ist ihr König; er pfeift, und sie kommen. – Er sagt, sie sollen abhauen, und sie verschwinden. – Vielleicht hatte ich in meinem Leben eine seelische Entwicklungsstufe erreicht, eine übernatürliche Fähigkeit, und hatte nun die Macht, Dome zu behexen.

Im Interesse Frankreichs, dachte ich, sollte ich dann diesen hier an seinen Platz zurückbringen und mich auf Europareise begeben, um ein paar berühmte Dome nach Paris zu holen: aus dem Orient, aus Italien, und die schönsten Türme gotischer Kathedralen . . .

Ich würde berühmt werden! . . . Was wären neben mir die Paganinis, die Rossinis, die Cuviers, die Canovas, die Goethes! – Schon stand mir der unerschütterliche Glaube zu Gebote, der Glaube, von dem Jesus sprach, der grenzenlose Wille, mit dem man Berge versetzt, die Macht, mit der wir die Gesetze des Raumes und der Zeit außer Kraft setzen, als ich einen offenen Wagen aus der Rue Saint-Dominique einbiegen sah, so schnell, wie es den Pferden der Verkehrsbetriebe nur möglich war.

«Vorsicht auf den Dom! . . .», rief ich.

Der Kutscher hörte mich nicht. Er peitschte sein Pferd mitten in den Dom hinein; ich tat einen lauten Schrei, denn der arme Dom, der sich nicht mehr hatte retten können, zersprang in tausend Stücke; ich war ganz voller Dreck. Als der verfluchte Wagen dann endlich vorbei war, sah ich, wie der sturköpfige Dom sich in kleinen Stößen wieder auf die Spitze stellte; die Steine rückten wieder zusammen, die schönen goldenen Streifen kamen unmerklich wieder, während ich mir gedankenlos das Gesicht abwischte. Denn in diesem Augenblick kam mein äußeres Wesen wieder, und ich fand mich in der Nähe des

une grande nappe d'eau où se mirait le Dôme des Invalides.

Il me semble que j'étais ivre. — Maudit physharmonica ! cela donne sur les nerfs !...

Anne-Louise-Germaine de Staël:
Révolution du 14 juillet

On fit camper les troupes dans la plaine aux portes de Paris, ce qui leur donnoit l'occasion de communiquer avec les habitans; ils venoient en foule voir les soldats, et les engageoient à ne pas se battre contre le peuple. Ainsi donc, excepté deux régimens allemands qui n'entendoient pas le françois, et qui tirèrent le sabre dans le jardin des Tuileries, seulement comme s'ils avoient voulu donner un prétexte à l'insurrection, toutes les troupes sur lesquelles on comptoit partagèrent l'esprit des citoyens, et ne se prêtèrent en rien à ce qu'on attendoit d'elles.

Dès que la nouvelle du départ de M. Necker fut répandue à Paris, on barricada les rues, chacun se fit garde national, prit un costume militaire quelconque, et se saisit au hasard de la première arme, fusil, sabre, faux, n'importe. Une foule innombrable d'hommes de la même opinion s'embrassoient dans les rues comme des frères, et l'armée du peuple de Paris, composée de plus de cent mille hommes, se forma dans un instant comme par miracle. La Bastille, cette citadelle du gouvernement arbitraire, fut prise le 14 juillet 1789. Le baron de Breteuil, qui s'étoit vanté de terminer la crise des affaires en trois jours, ne conserva la place de ministre que pendant ces

Invalidendoms, vor einer großen Pfütze, in der sich der Invalidendom spiegelte.

Ich muß betrunken gewesen sein. – Verfluchte Physharmonika! Das zerrt an den Nerven! . . .

Anne-Louise-Germaine de Staël:
Revolution am 14. Juli

Auf der Ebene vor den Toren von Paris ließ man die Truppen lagern; dadurch hatten sie die Gelegenheit, mit den Einwohnern in Berührung zu kommen; die kamen zuhauf zu den Soldaten und machten ihnen klar, daß sie nicht gegen das Volk kämpfen durften.
So waren – außer zwei Regimentern von deutschen Söldnern, die kein Französisch verstanden und im Jardin des Tuileries den Säbel zückten, als wollten sie einen Vorwand zum Aufstand liefern – alle Truppen, auf die man zählte, auf seiten der Bürger und gaben sich nicht für das her, was man von ihnen erwartete.

Kaum war die Nachricht vom Abgang Neckers in Paris herumgekommen, da verrammelte man schon die Straßen, jeder rüstete sich, zog irgendein Soldatengewand an und griff auf gut Glück nach der nächstbesten Waffe, ganz gleich ob Gewehr, Säbel oder Sense. Eine riesige Menge von Männern, alle einer Meinung, umarmten sich auf der Straße wie Brüder, und wie durch ein Wunder formierte sich im Handumdrehen die mehr als hunderttausend Mann starke Truppe der Pariser Bevölkerung. Am 14. Juli 1789 wurde die Bastille, die Hochburg der Regierungswillkür, eingenommen. Der Baron von Breteuil, der sich anheischig gemacht hatte, die Staatskrise in drei Tagen in den Griff zu bekommen, behielt seinen Ministersessel nicht länger als diese drei Tage, immerhin

trois jours, assez long-temps pour assister au renversement de la monarchie.

Tel fut le résultat des conseils donnés par les adversaires de M. Necker. Comment des esprits de cette trempe veulent-ils prononcer encore sur les affaires d'un grand peuple ? Quelles étoient les ressources préparées contre les dangers qu'eux-mêmes avoient provoqués ? et vit-on jamais des hommes qui ne vouloient pas du raisonnement, s'entendre si mal à s'assurer de la force ?

Le roi, dans cette circonstance, ne pouvoit inspirer qu'un profond sentiment d'intérêt et de compassion. Car les princes élevés pour régner en France, n'ont jamais contemplé les choses de la vie face à face : on leur faisoit un monde factice, dans lequel ils vivoient depuis le premier jusqu'au dernier jour de l'année, et le malheur a dû les trouver sans défense en eux-mêmes.

Le roi fut conduit à Paris pour adopter à l'hôtel de ville la révolution qui venoit d'avoir lieu contre son pouvoir. Son calme religieux lui conserva toujours de la dignité personnelle, dans cette circonstance comme dans toutes les suivantes, mais son autorité n'existoit plus ; et si les chars des rois ne doivent pas traîner après eux les nations, il ne faut pas non plus que les nations fassent d'un roi l'ornement de leur triomphe. Les hommages apparens qu'on rend alors au souverain détrôné, révoltent les caractères généreux, et jamais la liberté ne peut s'établir par la fausse situation du monarque ou du peuple : chacun doit être dans ses droits, pour être dans sa sincérité. La contrainte morale, imposée au chef d'un gouvernement, ne sauroit fonder l'indépendance constitutionnelle de l'état.

Cependant, quoique des assassinats sanguinaires eussent été commis par la populace, la journée du 14 juillet avoit de la grandeur : le

Zeit genug, um dabeizusein, wie das Königtum gestürzt wurde.

Das also war das Ergebnis der Ratschläge von Neckers Gegnern. Wie sollen solche Leute auch über die Geschicke eines großen Volkes bestimmen? Welche Maßnahmen hatten sie sich einfallen lassen gegen die Gefahren, die sie selber heraufbeschworen hatten? Und hat man je Männer gesehen, die so wenig auf Argumente hören wollten und zugleich so wenig in der Lage waren, ihre Macht abzusichern?

Unter diesen Umständen konnte der König nur tiefes Mitgefühl, ja Mitleid hervorrufen. Denn die Prinzen, die heranwuchsen und Frankreich regieren sollten, hatten dem wahren Leben nie ins Auge sehen gelernt: man spielte ihnen eine künstliche Welt vor, in der sie vom ersten bis zum letzten Tag des Jahres lebten, und als das Unglück über sie hereinbrach, waren sie wohl bar jeder Standfestigkeit.

Der König wurde nach Paris geschafft und sollte im Rathaus die Revolution anerkennen, die sich gerade eben noch gegen ihn gerichtet hatte. Die Gelassenheit eines frommen Menschen half ihm, seine Würde stets zu wahren – in dieser Lage ebenso wie in allen späteren –, aber seine Autorität war dahin. Gewiß sollen die Königskutschen nicht das Volk hinter sich her schleifen dürfen, aber das Volk darf doch auch nicht den König zur Galionsfigur seines Sieges machen. Die öffentlich sichtbaren Ehrenbezeigungen gegenüber dem entthronten Herrscher verstimmen jeden kultivierten Menschen. Niemals wird sich die Freiheit dadurch festigen, daß der König oder das Volk in einem schiefen Verhältnis zueinander stehen: jeder muß haben, was ihm zukommt, um ehrlich und offen sein zu können. Druck auf einen Regierungschef wird nicht zu einer verfaßten Unabhängigkeit des Staates führen.

Und doch, obwohl das Volk blutrünstige Greueltaten vollbracht hatte, war an dem 14. Juli etwas Großartiges: die Bewegung überzog das ganze Land; kein Aufruhr von

mouvement étoit national; aucune faction intérieure ni étrangère ne pouvoit exciter un tel enthousiasme. La France entière le partageoit, et l'émotion de tout un peuple tient toujours à des sentiments vrais et naturels. Les noms les plus honorables, Bailli, La Fayette, Lalli, étoient proclamés par l'opinion publique; on sortoit du silence d'un pays gouverné par une cour, pour entendre le bruit des acclamations spontanées de tous les citoyens. Les esprits étoient exaltés, mais il n'y avoit encore rien que de bon dans les âmes, et les vainqueurs n'avoient pas eu le temps de contracter les passions orgueilleuses, dont le parti du plus fort ne sait presque jamais se préserver en France.

Louis-Sébastien Mercier: Le pont débaptisé (1768/2440)

Lorsqu'on cause avec intérêt, on fait du chemin sans s'en apercevoir. Je ne sentais plus le poids de la vieillesse, tout rajeuni que j'étais par l'aspect de tant d'objets nouveaux. Mais qu'aperçois-je! ô Ciel! quel coup d'œil! Je me trouve sur les bords de la Seine. Ma vue enchantée se promène, s'étend sur les plus beaux monuments. Le Louvre est achevé! L'espace qui règne entre le château des Tuileries et le Louvre donne une place immense où se célèbrent les fêtes publiques. Une galerie nouvelle répond à ancienne, où l'on admirait encore la main de Perrault. Ces deux augustes monuments, ainsi réunis, formaient le plus magnifique palais qui fût dans l'univers. Tous les artistes distingués habitaient ce palais. C'était là le plus digne cortège de la majesté souveraine. Elle ne s'enorgueillissait que des arts qui

innen oder von außen hatte je zuvor eine solche Begeisterung hervorgerufen. Ganz Frankreich teilte sie, und wenn ein ganzes Volk begeistert ist, so liegt das immer an echten und natürlichen Gefühlen.

Die ehrenwertesten Namen, Bailly, Lafayette, Lally-Tallendal wurden von der öffentlichen Meinung hochgejubelt; man war die Stille eines von einem Hof regierten Landes gewohnt, und nun vernahm den Lärm von den Ovationen aller Bürger. Die Gemüter der Menschen waren erregt, aber noch gab es in ihrer Seele nur Gutes. Die Sieger hatten noch nicht die Zeit gehabt, Hochfahrenheit zu entwickeln, gegen die in Frankreich fast keine an der Macht befindliche Partei gefeit ist.

Louis-Sébastien Mercier: Die umgetaufte Brücke
– nach einem Zeitsprung von 672 Jahren

Wenn man sich angeregt unterhält, kommt man voran, ohne es richtig zu merken. Ich spürte die Last des Alters nicht mehr, so sehr verjüngte mich der Anblick dermaßen vieler neuer Dinge. Doch was sehe ich da? O Gott im Himmel, welch ein Anblick! Ich befinde mich am Ufer der Seine. Mein Blick schweift verzückt umher, trifft auf die schönsten Bauwerke. Der Louvre ist fertig! Der freie Raum, der sich zwischen den Tuilerien und dem Louvre erstreckt, schafft einen riesigen Platz, auf dem sich öffentliche Feste feiern lassen. Eine neue Galerie bildet das Gegenstück zur alten, auf der noch immer Perraults Hand zu bewundern ist. Solchermaßen verbunden ergeben die beiden erhabenen Bauten das wunderbarste Schloß, das jemals auf Erden zu sehen war. Alle bedeutenden Künstler sind in diesem Schloß zu Hause. Es ist die würdigste Festversammlung der königlichen Machtvollkommenheit: sie hat sich nur mit den Künsten geschmückt, die dem

faisaient la gloire et le bonheur de l'empire. Je vis une superbe place de ville qui pouvait contenir la foule des citoyens. Un temple lui faisait face; ce temple était celui de la Justice. L'architecture de ses murailles répondait à la dignité de son objet.

«Est-ce bien là le Pont-Neuf, m'écriai-je? Comme il est décoré!

– Qu'appelez-vous le Pont-Neuf? Nous lui avons donné un autre nom. Nous en avons changé beaucoup d'autres pour leur en substituer de plus significatifs ou de plus convenables; car rien n'influe plus sur l'esprit du peuple que lorsque les choses ont leurs termes propres et réels. Voilà le Pont Henri IV, entendez-vous? Formant la communication des deux parties de la ville, il ne pouvait porter un titre plus respecté. Dans chacune des demi-lunes nous avons placé l'effigie des grands hommes qui, comme lui, ont aimé les hommes et qui n'ont voulu que le bien de la patrie. Nous n'avons pas hésité à mettre à ses côtés le Chancelier l'Hôpital, Sully, Jeannin, Colbert. Quel livre de morale! quelle leçon publique est aussi forte, aussi éloquente que cette file de héros dont le front muet, mais imposant, crie à tous qu'il est utile et grand d'obtenir l'estime publique! Votre siècle n'a point eu la gloire de faire pareille chose.

– Oh! mon siècle éprouvait les plus grandes difficultés à la moindre entreprise. On faisait les plus rares préparatifs pour annoncer avec pompe un avortement. Un grain de sable arrêtait le mouvement des ressorts les plus orgueilleux. On bâtissait les plus belles choses en spéculation et la langue ou la plume semblait l'instrument universel. Tout a son temps. Le nôtre était celui des innombrables projets; le vôtre est celui de l'exécution. Je vous en félicite. Que je me sais bon gré d'avoir vécu si longtemps!»

Reiche Ruhm und Wohlstand verheißen. Ich habe einen herrlichen städtischen Platz gesehen, der groß genug war, daß sich dort alle Bürger versammeln konnten. Gegenüber stand ein Tempel: Das Palais de Justice. Seine bauliche Gestalt entsprach der Würde seines Gegenstandes.

«Ist das etwa der Pont-Neuf?» entfuhr es mir. «Wie hübsch er verziert ist!»

«Was heißt da Pont-Neuf? Wir haben der Brücke einen anderen Namen gegeben. Wir haben überhaupt viele Namen geändert und durch welche ersetzt, die mehr aussagen oder besser passen; denn nichts beflügelt den Geist der Menschen mehr, als wenn die Dinge bei ihrem eigentlichen und richtigen Namen genannt werden. Also: diese Brücke hier heißt jetzt Pont Henri IV., verstehen sie? Als Bindeglied zwischen den beiden Hälften der Stadt konnte sie keinen treffenderen Namen bekommen. In den Ausbuchtungen der Brüstung haben wir Bildnisse großer Männer aufgestellt, die, wie Henry IV. selber, nur das Wohl des Vaterlandes im Sinn hatten. Wir haben nicht angestanden, links und rechts von ihm den Kanzler l'Hôpital sowie Sully, Jeannin und Colbert aufzustellen. Was für ein Aufgebot an moralischer Größe! Welche Maßnahme öffentlicher Aufklärung ist so beredt wie diese Reihe von Helden, deren Stirn stumm aber eindrucksvoll allen zuruft, daß es nützlich und wichtig ist, die Achtung der Allgemeinheit zu erlangen! Euer Jahrhundert war nicht so ruhmreich, Ähnliches zu schaffen.»

«Ach, mein Jahrhundert hatte größte Schwierigkeiten schon bei dem kleinsten Unterfangen. Man trieb die merkwürdigsten Vorbereitungen und kündigte dann feierlich den Abbruch an. Ein Sandkorn brachte die stolzesten Räderwerke zum Stillstand. Man baute die schönsten Wolkenkuckucksheime, die Sprache und die Feder waren das wichtigste Werkzeug. Alles hat seine Zeit. Unser Jahrhundert war das Jahrhundert der unzähligen Planungen, eures ist das Jahrhundert der Ausführung. Herzlichen Glückwunsch. Wie dankbar bin ich, daß ich so lange gelebt habe.»

Combien l'abord de Paris démentit l'idée que j'en avais! La décoration extérieure que j'avais vue à Turin, la beauté des rues, la symétrie et l'alignement des maisons, me faisaient chercher à Paris autre chose encore. Je m'étais figuré une ville aussi belle que grande, de l'aspect le plus imposant, où l'on ne voyait que de superbes rues, des palais de marbre et d'or. En entrant par le faubourg Saint-Marceau, je ne vis que de petites rues sales et puantes, de vilaines maisons noires, l'air de la malpropreté, de la pauvreté, des mendiants, des charretiers, des ravaudeuses, des crieuses de tisanes et de vieux chapeaux. Tout cela me frappa d'abord à tel point, que tout ce que j'ai vu depuis à Paris de magnificence réelle n'a pu détruire cette première impression, et qu'il m'en est resté toujours un secret dégoût pour l'habitation de cette capitale. Je puis dire que tout le temps que j'y ai vécu dans la suite ne fut employé qu'à y chercher des ressources pour me mettre en état d'en vivre éloigné. Tel est le fruit d'une imagination trop active, qui exagère pardessus l'exagération des hommes, et voit toujours plus que ce qu'on lui dit. On m'avait tant vanté Paris, que je me l'étais figuré comme l'ancienne Babylone, dont je trouverais peut-être autant à rabattre, si je l'avais vue, du portrait que je m'en suis fait. La même chose m'arriva à l'Opéra, où je me pressai d'aller le lendemain de mon arrivée; la même chose m'arriva dans la suite à Versailles; dans la suite encore en voyant la mer; et la même chose m'arrivera toujours en voyant des spectacles qu'on m'aura trop annoncés: car il est impossible aux hommes et difficile à la nature elle-même de passer en richesse mon imagination.

Wie doch das Ankommen in Paris meine Vorstellung von dieser Stadt Lügen strafte! Die äußere Zier, die ich in Turin gesehen hatte, die Schönheit der Straßen, die Symmetrie der Häuserfluchten ließen mich in Paris noch ganz anderes erwarten. Ich hatte mir eine gleichermaßen schöne und große Stadt vorgestellt, von stattlichem Aussehen, wo es nur prachtvolle Straßen, Stadthäuser von Marmor und Gold gab. Mein Weg führte durch den Vorort Saint-Marceau, und ich sah nur dreckige und stinkende Sträßchen, häßliche, düstere Häuser, eine Atmosphäre von Dreck und Armut, Bettlern und Fuhrleuten, Flickerinnen, Kräuterfrauen und welchen, die alte Hüte feilboten. All das verstörte mich so sehr, daß alles, was ich seitdem an wirklich Großartigem in Paris gesehen habe, diesen ersten Eindruck nicht auslöschen konnte, und daß ich immer noch einen heimlichen Abscheu davor habe, in der Hauptstadt zu wohnen. Ich behaupte, daß ich die ganze Zeit, die ich dann in dieser Stadt gelebt habe, ausschließlich darauf verwandte, in ihr nach Mitteln zu suchen, die mich in die Lage versetzten, fern von ihr zu leben. Das kommt von einer allzu lebendigen Phantasie, die noch die Übertreibungen der Menschen übertreibt und viel mehr sieht, als man ihr sagt. So sehr hatte man mir von Paris vorgeschwärmt, daß ich es mir wie das alte Babylon vorgestellt hatte, bei dem ich vielleicht, wenn ich es gesehen hätte, eben so viel Abstriche von dem Bild in meiner Vorstellung gemacht haben würde. Das gleiche widerfuhr mir in der Oper, wohin ich am Tag nach meiner Ankunft eilte; das gleiche widerfuhr mir dann in Versailles; und später abermals, als ich das Meer sah; und das gleiche wird mir immer widerfahren, wenn ich ein Schauspiel sehe, das man mir sehr gepriesen hat: denn es ist den Menschen überhaupt nicht und der Natur nur schwer möglich, meine Einbildungskraft an Reichtum zu übertreffen.

Denis Diderot: Bourgeois, Citoyen, Habitant
De l'Encyclopédie

Termes relatifs à la résidence que l'on fait dans un lieu. Le *bourgeois* est celui dont la résidenc ordinaire est dans une ville; le *citoyen* est un *bourgeois* considéré relativement à la société dont il est membre; l'*habitant* est un particulier considéré relativement à la résidence pure & simple. On est *habitant* de la ville, de la province, ou de la campagne; on est *bourgeois* de Paris. Le *bourgeois* de Paris qui prend à cœur les intérêts de sa ville contre les attentats qui la menacent, en devient *citoyen*. Les hommes sont *habitans* de la terre. Les villes sont pleines des *bourgeois*; il y a peu de *citoyens* parmi ces *bourgeois*. L'*habitation* suppose un lieu; la *bourgeoisie* suppose une ville; la qualité de *citoyen*, une société dont chaque particulier connoît les affaires & aime le bien, & peut se promettre de parvenir aux premieres dignités.

Voltaire: Episode de la famine de Paris

Une femme (grand Dieu ! faut-il à la mémoire,
Conserver le récit de cette horrible histoire !)

Une femme avait vu par ces cœurs inhumains
Un reste d'aliments arraché de ses mains.
Des biens que lui ravit la fortune cruelle,
Un enfant lui restait, prêt à périr comme elle:
Furieuse, elle approche, avec un coutelas.
De ce fils innocent qui lui tendait les bras:
Son enfance, sa voix, sa misère et ses charmes

Denis Diderot: Bürger, Staatsbürger, Einwohner
Aus der Enzyklopädie

Begriffe, die sich darauf beziehen, wie man an einem Ort wohnhaft ist. *Bürger* ist einer, der seinen Hauptwohnsitz in einer Stadt hat; *Staatsbürger* ist ein *Bürger* unter dem Blickwinkel seiner gesellschaftlichen Stellung; *Einwohner* ist ein Privatmann schlicht und einfach in Bezug auf seinen Wohnort. Man ist *Einwohner* einer Stadt oder einer Provinz, oder man ist ein Landbewohner; man ist *Bürger* von Paris. Derjenige *Bürger* von Paris, dem es am Herzen liegt, die Interessen seiner Stadt gegen Bedrohungen von außen zu verteidigen, wird zum *Staatsbürger*. Die Menschen sind *Bewohner* der Erde. Die Städte sind voll von *Bürgern*; nur wenige *Staatsbürger* gibt es unter diesen *Bürgern*. Das *Bewohnen* setzt eine Örtlichkeit voraus, das *Bürgertum* bedingt eine Stadt, die Eigenschaft als *Staatsbürger* eine Gesellschaft, deren Belange jeder einzelne kennt, deren Wohlergehen ihm wichtig ist und in der er Aussicht darauf hat, zu Ehre und Ansehen zu gelangen.

Voltaire: Vorfall aus der Zeit der Pariser Hungersnot

Eine Frau – großer Gott! soll man diese schreckliche Geschichte wirklich für die Nachwelt aufschreiben? –

eine Frau mußte zusehen, wie herzlose Menschen ihr das letzte Stück Nahrung aus der Hand rissen. Ein grausames Schicksal raubte ihr diese Habe; ihr blieb ihr Kind, das am Verhungern war wie sie. Wütend erhebt sie das Küchenmesser gegen den unschuldigen Sohn, der die Arme nach ihr ausstreckt.

Seine Kindlichkeit, seine Stimme, sein Elend, sein Zau-

A sa mère en fureur arrachent mille larmes ;
Elle tourne sur lui son visage effrayé,
Plein d'amour, de regret, de rage, de pitié :
Trois fois le fer échappe à sa main défaillante.
La rage enfin l'emporte ; et d'une voix tremblante,
Détestant son hymen et sa fécondité :
« Cher et malheureux fils que mes flancs ont porté,
« Dit-elle, c'est en vain que tu reçus la vie ;
« Les tyrans ou la faim l'auraient bientôt ravie
« Et pourquoi vivrais-tu ? Pour aller dans Paris,
« Errant et malheureux, pleurer sur ses débris ?
« Meurs, avant de sentir mes maux et ta misère
« Rends-moi le jour, le sang que t'a donné la mère :
« Que mon sein malheureux te serve de tombeau,
« Et que Paris du moins voie un crime nouveau ! »
En achevant ces mots, furieuse, égarée,
Enfonce, en frémissant, le parricide acier,
Porte le corps sanglant auprès de son foyer,
Et d'un bras que poussait la faim impitoyable,
Prépare avidement ce repas effroyable.
Attirés par la faim, les farouches soldats
Dans ces coupables lieux reviennent sur leurs pas
Leur transport est semblable à la cruelle joie
Des ours et des lions qui fondent sur leur proie.
A l'envi l'un de l'autre, ils courent en fureur ;
Ils enfoncent la porte. O surprise ! ô terreur !
Près d'un corps tout sanglant à leurs yeux se présente
Une femme, égarée, et de sang dégouttante :
« Oui, c'est mon propre fils, oui, monstres inhumains,
« C'est vous qui dans son sang avez trempé mes mains
« Que la mère et le fils vous servent de pâture.
« Craignez-vous plus que moi d'outrager la nature ?
« Quelle horreur à mes yeux semble vous glacer tous ?
« Tigres, de tels festins sont préparés pour vous. »
Ce discours insensé que sa rage prononce
Est suivi d'un poignard qu'en son cœur elle enfonce.
De crainte, à ce spectacle, et d'horreur agités,
Ces monstres confondus courent épouvantés :

ber entlocken der Mutter tausend Tränen; sie wendet ihm ihr verzerrtes Gesicht zu, voller Liebe, Trauer, Wut, und Mitleid. Dreimal versagt ihre Hand, dreimal entgleitet ihr das Eisen. Zuletzt wird sie von Wut erfaßt; und mit zitternder Stimme verflucht sie ihre Ehe und ihre Fruchtbarkeit:

«Lieber unglücklicher Sohn, den ich unterm Herzen trug», sagt sie, «umsonst bist du geboren. Die Tyrannen oder der Hunger werden dir bald das Leben rauben. Wozu solltest du leben? Um heimatlos und elend durch Paris zu irren und seine Trümmer zu beklagen? Stirb, bevor du mein Leiden, dein Elend spürst. Gib mir Leben, das Blut, das du von deiner Mutter hast. So mag meine unselige Brust dein Grab sein, so mag Paris noch ein Verbrechen erleben!»

So hat sie wütend und verstört gesprochen, und schaudernd stößt sie das Kindsmordeisen hinein und trägt den blutigen Leib nach Hause. Gnadenloser Hunger führt ihr die Hand, wie sie gierig das entsetzliche Mahl bereitet.

Der Hunger hat die wilden Soldaten wieder angelockt; auf dem Fuße machen sie kehrt und kommen zur Stätte des Verbrechens zurück. Sie sind getrieben von der grausamen Wonne von Bären und Löwen, die sich auf ihre Beute stürzen. Sie laufen um die Wette, sie rasen, sie rennen die Tür ein. O Schreck, o Grauen! Bei einem blutigen Leichnam finden sie eine Frau vor, verwirrt, von Blut triefend:

«Ja, es ist mein eigener Sohn, ja ihr Unmenschen, ihr habt meine Hände in dieses Blut getaucht. Nun sollen Mutter und Kind euch zur Nahrung dienen. Habt Ihr mehr Angst als ich, die Natur zu beleidigen? Ihr steht erstarrt, was schreckt euch, ihr Tiger, ein Schmaus steht für euch bereit.»

Die Wut hat ihr diese rasende Rede eingegeben, und nun folgt der Dolch, den sie sich ins Herz sticht. Voller Furcht und Schrecken beim Anblick dieses Schauspiels laufen die Unmenschen entsetzt auseinander. Sie wollen

Ils n'osent regarder cette maison funeste.
Ils pensent voir sur eux tomber le feu céleste:
Et le peuple, effrayé de l'horreur de son sort,
Levait les mains au ciel et demandait la mort.

Montesquieu: Une chose assez singulière

Je vis hier une chose assez singulière, quoiqu'elle se passe tous les jours à Paris.

Tout le peuple s'assemble sur la fin de l'après-dînée, et va jouer une espèce de scène que j'ai entendu appeler comédie. Le grand mouvement est sur une estrade qu'on nomme le théâtre. Aux deux côtés on voit, dans de petits réduits qu'on nomme loges, des hommes et des femmes qui jouent ensemble des scènes muettes, à peu près comme celles qui sont en usage en notre Perse.

Ici c'est une amante affligée qui exprime sa langueur; une autre, plus animée, dévore des yeux son amant, qui la regarde de même: toutes les passions sont peintes sur les visages, et exprimées avec une éloquence qui, pour être muette, n'en est que plus vive. Là les actrices ne paraissent qu'à demi-corps, et ont ordinairement un manchon par modestie, pour cacher leurs bras. Il y a en bas une troupe de gens debout qui se moquent de ceux qui sont en haut sur le théâtre; et des derniers rient à leur tour de ceux qui sont en bas.

Mais ceux qui prennent le plus de peine sont quelques gens qu'on prend pour cet effet dans un âge peu avancé, pour soutenir la fatigue. Ils sont obligés d'être partout; ils passent par des endroits qu'eux seuls connaissent, montent avec une adresse surprenante d'étage en étage; ils sont en haut, en bas, dans toutes les loges: ils plongent, pour ainsi dire; on les perd, ils reparaissent; sou-

das unheilvolle Haus nicht sehen. Sie glauben, das himmlische Feuer bricht über sie herein.

Und das Volk, voller Schrecken über ihr Schicksal, hob die Hände zum Himmel und verlangte den Tod.

Montesquieu: Etwas ziemlich Sonderbares

Gestern habe ich etwas ziemlich Sonderbares gesehen, das allerdings in Paris täglich stattfindet.

Die ganze Gesellschaft versammelt sich nach dem Abendessen, um eine Art Aufführung zu geben, die die Leute, wie ich gehört habe, Komödie nennen. Schauplatz des großen Auftriebs ist ein sogenanntes Theater. Auf beiden Seiten sieht man in kleinen abgeteilten Kammern, die Logen genannt werden, Männer und Frauen Pantomimen spielen, ähnlich denen, die bei uns in Persien üblich sind.

Hier schmachtet eine unglücklich Liebende, dort verzehrt eine andere, lebhaftere ihren Geliebten mit ihren Blicken, und er sieht sie ebenso an: alle Leidenschaften sind den Leuten ins Gesicht geschrieben und werden mit einer Lebhaftigkeit gezeigt, die – dafür, daß sie wortlos ist – beredter nicht sein könnte. Von den Schauspielerinnen ist nur der Oberkörper zu sehen, und gewöhnlich verstecken sie ihre nackten Arme verschämt in einem Muff. Die Truppe unten steht oder läuft herum und macht sich über die oben Sitzenden lustig; diese wiederum lachen über die unteren.

Doch die meiste Mühe, etwas gegen die Langeweile zu tun, geben sich einige eigens dafür ausgesuchte junge Leute. Sie müssen überall gleichzeitig sein; sie gehen Wege, die nur sie kennen, klettern mit überraschender Geschicklichkeit von einem Rang zum nächsten, sind bald oben, bald unten, in allen Logen: wie Taucher; man verliert sie aus dem Auge, sie tauchen wieder auf; oft verlassen sie den Ort des Geschehens und spielen woanders

vent ils quittent le lieu de la scène, et vont jouer dans un autre : on en voit même qui, par un prodige qu'on n'aurait osé espérer de leurs béquilles, marchent et vont comme les autres. Enfin on se rend à des salles où l'on joue une comédie particulière : on commence par des révérences, on continue par des embrassades : on dit que la connaissance la plus légère met un homme en droit d'en étouffer un autre. Il semble que le lieu inspire de la tendresse. En effet, on dit que les princesses qui y règnent ne sont point cruelles ; et, si on en excepte deux ou trois heures du jour où elles sont assez sauvages, on peut dire que le reste du temps elles sont traitables, et que c'est une ivresse qui les quitte aisément.

Nicolas Boileau : J'appelle un chat un chat

Mais moi, vivre à Paris ! Eh ! qu'y viendrais-je faire ?
Je ne sais ni tromper, ni feindre, ni mentir,
Et, quand je le pourrais, je n'y puis consentir.
Je ne sais point en lâche essuyer les outrages
D'un faquin orgueilleux qui vous tient à ses gages,
De mes sonnets flatteurs lasser tout l'univers,
Et vendre au plus offrant mon encens et mes vers :
Pour un si bas emploi ma muse est trop altière.
Je suis rustique et fier, et j'ai l'âme grossière :
Je ne puis rien nommer, si ce n'est par son nom,
J'appelle un chat un chat, et Rolet un fripon.
De servir un amant, je n'en ai pas l'adresse ;
J'ignore ce grand art qui gagne une maîtresse,
Et je suis, à Paris, triste, pauvre et reclus,
Ainsi qu'un corps sans âme, ou devenu perclus.
Mais pourquoi, dira-t-on, cette vertu sauvage
Qui court à l'hôpital et n'est plus en usage ?

weiter; man sieht sogar welche, die wie durch ein Wunder mit ihren Krücken laufen können wie alle anderen, was man ihnen nicht im entferntesten zugetraut hätte. Schließlich begibt man sich in Räume, wo ein ganz anderes Theater gespielt wird: zuerst verbeugt, dann umarmt man sich: anscheinend gibt selbst eine flüchtige Bekanntschaft jedem Menschen das Recht, einen anderen zu erdrücken.

Der Ort scheint zur Zärtlichkeit zu verführen. Und tatsächlich, so wird gesagt, sind die Prinzessinnen, die hier herrschen, nicht grausam; abgesehen von den zwei oder drei Stunden am Tag, in denen sie recht wild sind, kann man sagen, sie seien in der übrigen Zeit ganz handsam, und dies sei nur ein Taumel, der leicht verfliegt.

Nicolas Boileau: Ich nenne Roß und Reiter

Und ich soll in Paris leben? So! was soll ich da? Ich kann nicht täuschen, trügen, lügen, und wenn ich es könnte, heiße ich es doch nicht gut. Ich bin nicht feige genug, mich vor den Zumutungen eines Wichtigtuers zu ducken, der mich freihält, kann auch nicht die ganze Welt mit meinen Schmeichelsonetten langweilen und meinen Weihrauch und meine Verse dem Meistbietenden verkaufen: Für eine so niedere Beschäftigung ist meine Muse zu erhaben. Ich bin ungeschminkt und stolz, habe eine gerade Seele: Ich kann nicht anders als alles bei seinem Namen nennen, nenne Roß und Reiter, nenne Rolet einen Schelm. Ich bin nicht geschickt genug, als Liebhaber aufzutreten, verstehe die große Kunst nicht, wie man eine Geliebte gewinnt, und in Paris bin ich traurig, arm und allein, wie ein Körper ohne Seele, wie ein in sich Zurückgezogener. Doch wozu, wird man fragen, taugt diese Tugend eines Wilden, die ins Krankenhaus führt und ganz außer Gebrauch geraten ist?

François Rabelais: Comment Gargantua paya
sa bienvenue ès Parisiens et comment il print
les grosses cloches de l'église Nostre Dame

Quelques jours après qu'ilz se feurent refraichiz,
il visita la ville, et fut veu de tout le monde en
grande admiration, car le peuple de Paris est tant
sot, tant badault et tant inepte de nature, qu'un
basteleur, un porteur de rogatons, un mulet avec-
ques ses cymbales, un vielleuz au mylieu d'un
carrefour, assemblera plus de gens que ne feroit
un bon prescheur évangélicque.

Et tant molestement le poursuyvirent qu'il
feut contrainct soy reposer suz les tours de l'é-
glise Nostre Dame. Auquel lieu estant, et voyant
tant de gens à l'entour de soy, dist clerement:

«Je croy que ces marrouffles voulent que je
leurs paye icy ma bien venue et mon *proficiat*.
C'est raison. Je leur voys donner le vin, mais ce
ne sera que par ryz.»

Lors, en soubriant, destacha sa belle braguette,
et, tirant sa mentule en l'air, les compissa si ai-
grement qu'il en noya deux cens soixante mille
quatre cens dix et huyt, sans les femmes et petitz
enfans.

Quelque nombre d'iceulx évada ce pissefort à
legièreté des pieds, et, quand furent au plus hault
de l'Université, suans, toussans, crachans et hors
d'halène, commencèrent à renier et jurer, les
ungs en cholère, les aultres par rys: «Carymary,
carymara! Par saincte Mamye, nous son baignéz
par rys!» Dont fut depuis la ville nommée *Paris*,
laquelle auparavant on appeloit *Leucèce*, comme
dict Strabo, *lib. iiij*, c'est à dire, en grec, *Blan-
chette*, pour les blanches cuisses des dames dudict
lieu. Et, par autant que à ceste nouvelle imposi-
tion du nom, tous les assistans jurèrent chascun

François Rabelais / Gottlob Regis: Wie Gargantua
den Parisern seinen Willkomm bezahlt' und wie er
die großen Glocken von unser Frauenkirch abnahm

Nachdem sie sich etlich Tag erquickt, ging er aus, die
Stadt zu beschauen: und alle Leut betrachteten ihn voll
Staunens und Verwunderung.
                          Denn das Pariser Volk ist
so läppisch, gaffigt und albern von Natur, daß ein Ta-
schenspieler, ein Ablaßkrämer, ein Maultier mit seinen
Cymbeln, ein Leiermann auf der Gassen mehr Leut um
sich her versammelt als der best Evangelienprediger.

Und drangen ihm also beschwerlich zu Leib, daß er
zuletzt gezwungen war, sich auf die Türn der Frauenkirch
zu retirieren und niederzulassen. Wie er nun da saß und
dies viele Volk um sich her sah, sprach er laut:

Ich glaub, die Schlingel meinen, daß ich ihnen hie mein
Proficiat und meinen Willkomm zahlen soll. Ist billig;
sollen ihren Wein han, aber *par ris, per risum,* spott-
weis.

Da lupft' er lächelnd seinen schönen Hosenlatz, zog
seine Mentul an Luft herfür und bebrunzelt sie so haar-
scharf, daß ihrer zweihundert sechzigtausend vierhundert
und achtzehn elend ersoffen ohn die Weiber und kleinen
Kinder.

Eine Anzahl derselben aber entrann dieser Seich-
schwemm durch Behendigkeit der Füß. Und als sie nun
schwitzend, schnaufend, speiend, außer Odem zur höch-
sten Stell bei der Universität ankamen, itzt ging es an ein
Fluchen, ein Lästern, etlich im Zorn, andre lachendes
Mundes *par ris,* Schariwari, Schariwara: hilf heiligs Fräu-
lein, ho Ries! pah Ries! der Ries hat uns *par ris* getauft.
Darnach seitdem die Stadt *Paris* geheißen ward, die man
vorher Leucetia nannte, wie Strabo meldet *lib. IV.,* das ist
auf griechisch, *Weißheim,* von den weißen Beinen der
Frauen des Orts: und gleichwie nun bei dieser neuen Na-
mensstiftung ein jeder in der Meng bei dem Phariser und

les saincts de sa paroisse, les Parisiens, qui sont faictz de toutes gens et toutes pièces, sont par nature et bons jureurs et bons juristes, et quelque peu oultrecuydéz, dont estime Joaninus de Barranco, *libro De copiositate reverentiarum*, que sont dictz *Parrhésiens* en grécisme, c'est à dire fiers en parler.

Ce faict, considéra les grosses cloches que estoient èsdictes tours, et les feist sonner bien harmonieusement. Ce que faisant, luy vint en pensée qu'elles serviroient bien de campanes au coul de sa jument, laquelle il vouloit renvoier à son père toute chargée de froumaiges de Brye et de harans frays. De faict, les emporta en son logis.

Cependent vint un commandeur jambonnier de sainct Antoine pour faire sa queste suille, lequel, pour se faire entendre de loin et faire trembler le lard au charnier, les voulut emporter furtivement, mais par honnesteté les laissa, non parce qu'elles estoient trop chauldes, mais parce qu'elles estoient quelque peu trop pesantes à la portée. Cil ne fut pas celluy de Bourg, car il est trop de mes amys.

Toute la ville feut esmeue en sédition, comme vous sçavez que à ce ilz sont tant faciles que les nations estranges s'esbahissent de la patience des Roys de France, lesquelz aultrement par bonne justice ne les refrènent, veuz les inconvéniens qui en sortent de jour en jour. Pleust à Dieu que je sceusse l'officine en laquelle sont forgéz ces chismes et monopoles, pour les mettre en évidence ès confraries de ma paroisse !

Croyez que le lieu auquel convint le peuple tout folfré et habaliné feut Nesle, où lors estoit, maintenant n'est plus l'oracle de Lucèce. Là feut proposé le cas et remonstré l'inconvénient des cloches transportées. Après avoir bien ergoté *pro et contra*, feut conclud en *Baralipton* que l'on en-

Heiligen seines Kirchspiels schwur, so sind die Pariser, als ein Volk aus allen Enden und Stücken geflickt, von Haus aus gute Schwörer und Störer, und ein wenig oben hinaus. Daher auch Joaninus de Barrauco, *libro de copiositate reverentiarum*, der Meinung ist, daß sie mit einem griechischen Namen *Parrhesier*, das ist, erschreckliche Plaudertaschen, genannt sind worden.

Hiernächst besah er die großen Glocken auf selbigen Türnen und ließ sie harmonisch zusammen läuten; und während er also dies noch trieb, kam ihm zu Sinn, daß sie als Schellen seiner Mähr gut zu Hals stehn müßten, die er seinem Vater, mit Käsen von Brye und neuen Häringen wohl beladen, wieder heimschicken wollte: nahm sie also mit in sein Herberg.

Inzwischen schlich ein Schunken-Comtur von Sankt Tönigs Ritterschaft auf seiner Schweins-Collect begriffen daher, der wollt sie diebisch entlehnen, damit man ihn schon von weitem hört' und aller Speck im Scharren vor ihm erzittern sollt: doch ehrenhalber ließ er sie stehen, nicht etwan weil sie ihm allzu heiß gewesen wären, sondern nur etwas weniges zu schwer aus freier Hand zu tragen für einen Bruder befand er sie. Es war aber nicht etwan der von Bourg, denn er ist mein gar zu guter Freund.

Da kam die ganze Stadt in Aufruhr, wie ihr wohl wißt, daß sie dazu gar leicht geneigt sind, dergestalt, daß sich die fremden Nationen über der Könige in Frankreich Geduld entsetzen, warum sie sie nicht durch gute Justiz mehr im Zaum halten, hinsichtlich derer vielen Nachteil so tagtäglich daraus entstehen. Wollt nur Gott, ich wüßt die Werkstatt, wo diese Monopolien und Schismata geschmiedet werden; so wollt ich sie den Brüderschaften meines Sprengels wohl offenbaren.

Dies glaubt, die Stätte wo das Volk ganz nuppig und rapplig zusammenlief, war Nesle, wo damal, itzt nicht mehr, das Orakel von Leucetien war. Da ward der Handel fürgebracht, und der aus Ablösung der Glocken besorgliche Schaden dargetan. Nachdem sie nun viel *pro et contra* ergotieret und discutieret, ward in Baralipton beschlossen,

voyroit le plus vieux et suffisant de la Faculté vers
Gargantua pour luy remonstrer l'horrible inconvénient de la perte d'icelles cloches, et, non-
obstant la remonstrance d'aulcuns de l'Université
qui alléguoient que ceste charge mieulx compé-
toit à un orateur que à un sophiste, feut à cest affaire esleu nostre maistre Janotus de Bragmardo.

François Villon: Ballade en Jargon

A Parouart, la grant mathe gaudie,
Ou accolés sont duppes et noircis,
Et par les anges, suivans la paillardie,
Sont greffis et prins cinq ou six;
La sont beffleurs au plus haut bout assis
Pour le evaige, et bien haut mis au vent.
Eschequez moy tost ces coffres massis:
Car vendengeurs, des ances circoncis,
S'en brouent du tout a neant.
Eschec, eschec pour le fardis!

Brouez moy sur ces gours passants
Avisez moy bien tost le blanc,
Et pietonnez au large sur les champs
Qu'au mariage ne soiez sur le banc
Plus qu'un sac de platre n'est blanc.
Si gruppés estes des carieux,
Rebignez moy ces enterveux
Et leur monstrez des trois le bris
Qu'enclaus ne soiez deux a deux:
Eschec, eschec pour le fardis!

Plantez aux hurmes vos picons,
De paour des bisans si très durs,
Et aussi d'estre sur les joncs,

den Ältesten und Bastantesten der Facultät an den Gargantua abzuschicken, daß er ihm den grausamen Schaden dieses Glocken-Verlustes fürhielt. Und ohnerachtet zwar etliche von der Universität abrieten und meinten, daß sich dies Geschäft mehr für einen Orator als einen Sophisten schickt', ward doch zu dieser Legation der Meister Jonas Fochtelnburg zuletzt bestellt und auserkoren.

François Villon/Carl Fischer: Jargon-Ballade

Hier in Paris, der schönen großen Stadt,
sind wieder ein paar schwarze Kerls zu sehn,
wie sie Sergeanten nach der Missetat
zu fünf, zu sechs in ihre Falle gehn,
die Diebe, die so hoch im Ansehn stehn,
sie schaukeln droben nun im frischen Wind.
Paßt vor dem Kerker auf, wo sehr geschwind
die Beutelschneider mit geschlitztem Ohr
zum Schluß doch immer die Verlierer sind.
Paßt auf und seht euch vor dem Hanfstrick vor!

Macht euch davon, so schnell ihr laufen könnt,
nur fort, und notfalls mitten durchs Gesträuch,
wenn unterm Fuß euch schon der Boden brennt,
die Galgenhochzeit wartet sonst auf euch,
und dann seid ihr auf einmal kreidebleich.
Vor den Sergeanten schleunigst abgezischt,
zeigt ihnen euren Hintern und entwischt,
denn das sind Leute ohne viel Humor,
ihr werdet sonst in Ketten aufgemischt:
paßt auf und seht euch vor dem Hanfstrick vor!

Hängt an den Balken eure Haken, knackt
kein Schloß, daß ihr nicht auf der Folter büßt
und hinter dicken Mauern abgesackt

Enmalés en coffre, en gros murs ;
Escharicez, ne soiez durs,
Que le grand Can ne vous fasse essorer.
Songears ne soiez pour dorer,
Et bagignez tousjours aux huis
Des sires pour les desbouser :
Eschec, eschec pour le fardis !

Prince froart, dit des arques petis,
L'un des sires si ne soit endormis.
Luez au bec que ne soiez greffis,
Et que vous ens n'ayez du pis :
Eschec, eschec pour le fardis.

auf einer Schütte Stroh dann hausen müßt,
macht schnell euch aus dem Staub, denkt ans Gerüst,
an das der Chef euch sonst zum Trocknen hängt.
Mit lauter goldner Wahrheit sie beschenkt,
vielleicht leihn euch die Tröpfe dann ein Ohr,
wenn ihre Nasen ihr ein wenig lenkt:
paßt auf und seht euch vor dem Hanfstrick vor!

Ihr Herrn, die ihr nur kleine Truhen brecht,
der Wächter liegt nicht immer auf dem Ohr,
paßt auf beim Abhaun: macht man, daß ihr sprecht,
ergeht es euch noch schlechter als nur schlecht –
paßt auf und seht euch vor dem Hanfstrick vor!

Nachbemerkung

> «Kaum hat man die Stadt betreten, so ist
> man beschenkt. Vergeblich der Vorsatz,
> nichts über sie niederzuschreiben.»
> Walter Benjamin, *Pariser Tagebuch*
> 30. Dezember 1929

Seit jeher vereint Paris in sich Pracht und Provokation,
Widerspruch und Spannung, Laune und Abenteuer, und
gerade wegen der unwiderstehlichen Verlockung, darüber
zu schreiben, wird die Stadt leicht zum Mythos verklärt.
Doch solche Überhöhung verkennt, daß Paris eine riesige
Metropole ist, in der sich Millionen Menschen drängen,
ihren Lebensunterhalt bestreiten, den Alltag mit seinen
Pflichten und Nöten bewältigen. Ihnen verlangt die Stadt
Tag für Tag ein Stück von ihrer Substanz ab, im Aus-
tausch gegen das materielle und immaterielle Dasein.
Mehr als ein Mythos ist Paris eine Wirklichkeit.

In der Literatur erscheint Paris darum vor allem auch
als realer Schauplatz der verschiedensten Geschichten und
Episoden, Ort und Ursache von Leiden und Leidenschaften, Gegenstand und Zielscheibe von Spott und Verwün-
schung. Paris ist tausend Wirklichkeiten.

«Hôpital, lupanar, purgatoire, enfer, bagne» – Baudelaire bezeichnete seine gleichermaßen geliebte und verfluchte Stadt als Spital, Bordell, Fegefeuer, Hölle, Zucht-
haus. Die Einsicht, daß Paris einem mächtig zusetzen
kann, mag den Anreiz vergrößern, sich auf diesem schwer
zu erobernden Terrain zu behaupten.

Von Eroberungsversuchen handeln der erste und der vor-
letzte Text dieser kleinen Sammlung: Bei *Malika Wagner*
nehmen sich drei Schülerinnen vor, der Trostlosigkeit ihrer Banlieue ins Quartier Latin zu entfliehen – weit weni-

ger selbstbewußt als der respektlose, zwischen pfiffig und tumb noch unentschiedene junge Riese Gargantua (*François Rabelais*) fünfhundert Jahre zuvor. Schwierigkeiten, die Provinz zurückzulassen, nach Paris «herauf»zukommen und dort Fuß zu fassen, haben die Helden der Texte von *Jules Romains* und *Germain Nouveau*. Ganz unverblümt verleiht *Jean-Jacques Rousseau* seiner Enttäuschung über Paris Ausdruck, gleich nach der Ankunft.

Ob nüchtern kritisierend, ob grimmig verbittert, immer wieder wehren sich Schriftsteller und Dichter gegen die Verklärung dieser Stadt. So auch *Nicolas Boileau*, der über die Willkür der Ämter spottet, und *François Villon*, der häufig aus der Stadt fliehen mußte, um sich der Justiz zu entziehen.

Dabei ist Paris auch die Hauptstadt des *esprit*, dessen lebhafte Ausprägung *Paul Valéry* artikuliert. In wenigen Zeilen fängt *Isabelle Eberhardt* ein Bild vom Friedhof Montparnasse ein: eine Enklave der Ruhe. Der Bois de Boulogne ist Schauplatz einer allegorisch anmutenden Szene bei *Stéphane Mallarmé*, auch *Jules Laforgue* streift diesen Ort zwischen Natur und Dekadenz.

Hat man seinen Zugang zur Stadt gefunden, so beginnt der Alltag mit all seinen banalen und merkwürdigen Erscheinungen: das Café als Ort der Konfrontation zwischen Menschen unterschiedlicher Herkunft (*Jacques Yonnet*), die verfallende Straße (*Georges Perec*), die Clochards unter der Brücke (*Robert Desnos*), der Spaziergang in den Tuilerien (*Raymond Queneau*).

Ums Überleben in Paris kämpfen – resigniert oder verzweifelt – der Sargträger (*Emile Zola*), der Pechvogel (*Emmanuel Bove*), aber auch die bürgerlich-etablierte Künstlerfamilie von *Jean Tardieu*.

Die beiden großen Gedichte von *Charles Baudelaire* und *Arthur Rimbaud* durften in diesem Buch nicht fehlen; andererseits wurde z. B. einer wenig bekannten Erzählung von *Honoré de Balzac* der Vorzug gegeben vor weiter verbreiteten Episoden aus der «Comédie humaine». *Gustave Flaubert* ist hier mit einigen der von ihm gesam-

melten und spöttisch verzeichneten Stereotypen vertreten.

Nur angedeutet sind in dieser Sammlung einige der wichtigen historischen Stationen, die Bestandteil der Gegenwart bleiben: die Aufklärung (*Voltaire, Diderot,* aber auch *Montesquieu* und *Mercier*), die Revolution (*Germaine de Staël*) und ihre Spätfolgen (*Victor Hugo*), die Commune 1871 (*Louise Michel*), die deutsche Besatzung (*Paul Eluard*). Kolonialismus und Postkolonialismus greift, aus der Perspektive der 68er Generation, der Text des Marokkaners *Edmond Amran El Maleh* auf – Paris im Spiegel einer ganz anderen Stadt.

Was die Reihenfolge angeht, so haben wir uns dafür entschieden, die Texte so zu ordnen, wie jeder seine Eindrücke von der Stadt wahrnimmt, egal, ob er dort geboren ist und aufwächst, ob er später dorthin zieht oder ob er sich immer wieder als Tourist zu ihr hingezogen fühlt, nämlich: von der Gegenwart in die Vergangenheit.

Inhaltsübersicht und Copyright-Nachweise

Wo die Übersetzung nicht von den Herausgebern dieses Buches stammt, ist der Übersetzer in der Überschrift angegeben.

Dieses Buch heißt «Parisgeschichten», weil *von Paris die Rede* ist.

In der gleichen Taschenbuchreihe gibt es ein Buch mit dem Titel «Pariser Geschichten». Das enthält Geschichten, die *in Paris spielen:* sechs liebenswürdige, spritzige, ironische Erzählungen, die Jean Giraudoux 1910/11 – also gerade noch in der Belle Epoque – für das Feuilleton der Zeitung «Le Matin» geschrieben hat (dtv 9228, französisch-deutsch).

Natürlich spielt Paris auch in anderen französisch-deutschen Bänden eine Rolle oder ist der Schauplatz für alle erdenklichen Rollen-Spiele. Allais, Balzac, Maupassant, Sagan, Simenon... Am besten lassen Sie sich ein Verzeichnis der Reihe schicken.

Deutscher Taschenbuch Verlag
Friedrichstraße 1, D-80801 München